Colección
Exploraciones Filosóficas

Edición: primera, octubre 2024

ISBN: 978-84-19830-87-6
e-ISBN: 978-84-19830-88-3
Depósito Legal: M-22869-2024

Diseño: Gerardo Miño
Composición: Eduardo Rosende
Lugar de edición: Buenos Aires, Argentina

Código Thema: QDTS [Social & political philosophy]
QDTQ [Ethics & moral philosophy]
QDT [Topics in philosophy]

e-mail producción: produccion@minoydavila.com
e-mail administración: info@minoydavila.com
web: www.minoydavila.com
redes sociales: @MyDeditores, www.facebook.com/MinoyDavila

FILOSOFÍA
y
CRISIS CIVILIZATORIA

Culturas del Dominio
versus
Culturas del Cuidado

OSCAR NUDLER

MIÑO y DÁVILA
◆ E D I T O R E S ◆

A Marcela

Agradezco a Juan Valenzuela Cruzat por su valiosa ayuda y dedicación en la asistencia técnica para mi libro.

Índice

CAPÍTULO 1

Pensar la crisis

Pasos de esta reflexión

La pregunta inicial, la que me motivó a escribir estas líneas, es cómo contribuir al desarrollo de un modo de pensar nuestro mundo histórico de una manera que ilumine la crisis en que estamos inmersos y permita enfrentarla. Con la expresión "modo de pensar" aludo al conjunto de conceptos que caracterizan un modo dado pero no aludo sólo a conceptos abstractos. También aludo a la vida que fluye a través de ellos.

En el trasfondo de la idea de un mundo histórico en crisis hay una concepción de la humanidad como una entidad que se formó en los últimos cinco siglos, una entidad compleja que puede desaparecer por obra de los sucesores de los mismos que contribuyeron a formarla, ya sea como resultado de una guerra nuclear, ya sea como consecuencia de una destrucción del medio ambiente.

Este ensayo se divide en cuatro partes. En la primera, contenida en este capítulo 1, introduzco los conceptos principales que utilizo y que reaparecen, ampliados, en los capítulos siguientes. Ellos son: "autonomía", "diálogo controversial", "atopía" y "tensión del pensar filosófico". En la segunda parte se aplican estos conceptos a la historia de la emergencia y el desarrollo del yo moderno. En particular, el concepto de *autonomía* en la versión kantiana de 1784 (*¡sapere aude*, atrévete a saber!) y opúsculos relacionados. Una pregunta que intento responder es si en el tiempo transcurrido desde ese año 1784 hasta la actualidad sería razonable sostener que ha habido un avance a través de la sociedad de un yo autónomo en el sentido kantiano. Mi respuesta, que expongo parcialmente en el capítulo 2, es, salvo en algunos aspectos, claramente negativa. Una explicación de este desarrollo regresivo es la constitución de lo que llamo "maquina anti ilustrada", una invasiva máquina todo terreno capaz de eliminar cualquier rastro de pensamiento autónomo y, por tanto, potencialmente crítico del modo de vida establecido.

Otro de los conceptos constitutivos del modo de pensar que estamos comenzando a esbozar es el de "crisis", más precisamente, "crisis histórica", según lo denominara en el siglo XIX Jacob Burckhardt, uno de sus primeros estudiosos modernos. La historia de este concepto fue analizada en detalle después en dos trabajos de gran erudición histórica por Reinhardt Koselleck, fundador de la escuela de Análisis Conceptual.

En la tercera parte el foco está puesto en el concepto de *atopía*, literalmente "carencia de lugar". Un individuo atópico es alguien a quien los demás miembros de la comunidad o sociedad a la que pertenece no le reconoce un lugar definido en el mapa de lugares que tienen en la cabeza y usan en su interacción social. Es para ellos un individuo "raro", "extraño" que, aunque esté ubicado en cierta categoría, aunque tenga una cierta profesión u ocupación reconocida, no se comporta como se espera de alguien así ubicado.

Hay una variedad grande de formas diferentes de atopía. Aquí nos referiremos a dos de ellas: la atopía socrática y la atopìa kafkiana.

Tomaré en cuenta tres rasgos generales de toda crisis histórica. Una crisis histórica es, en primer lugar, una crisis *multidimensional*. Afecta no a una o dos sino a todas las dimensiones de la vida en sociedad, desde la económica hasta la social, la cultural, la ecológica y aún la antropológica, o sea, la definición de aquello que hace humanos a los seres humanos. Es también *sistémica,* lo cual implica, entre otras consecuencias, que las crisis en las diferentes dimensiones llevan la impronta peculiar del sistema al que esas dimensiones pertenecen. Y, finalmente, es una crisis *global,* ninguna región está exenta de sufrir, de un modo u otro, su impacto, aunque en algunos lugares y períodos la crisis se viva con más intensidad que en otros.

Tipos de conceptos históricos

Una familia de conceptos que también me propongo utilizar para el estudio de las crisis históricas constituye una tipología integrada por tres tipos: "crisis de mundo", "crisis del mundo" (o crisis mundial) y "crisis civilizatoria". El primero es el concepto básico y, en tal carácter, está presente también en los otros dos.

¿Qué entendemos por "crisis de mundo"? Empecemos por referirnos por separado a los conceptos de "crisis" y "mundo". El término *krisis* (del verbo griego *krino*, discriminar, distinguir, separar) fue utilizado por la antigua escuela de medicina hipocrática para designar una fase de aceleración del desarrollo de una enfermedad en que se define si el enfermo recuperará la salud o morirá. El gran historiador ateniense Tucídides fue el primero en extrapolar en su *Historia de la Guerra del Peloponeso*, especialmente en el libro VII, este concepto médico a la historia y la política. La derrota de Atenas frente a Esparta fue según él resultado de una "enfermedad" a la que es proclive la naturaleza humana que afectó a los atenienses después de la muerte de Pericles. Consiste en un sentimiento de soberbia (*hybris*) y una desmedida ambición de poder y riquezas, lo cual los llevó a emprender acciones irracionales y autodestructivas (*cf.* Kallet, 1999).

Este concepto orgánico de crisis tuvo luego de Tucídides una curiosa historia. Permaneció por mucho tiempo en la sombra (excepto en la medicina) y sólo fue devuelto a la luz a partir del siglo XIX hasta llegar a convertirse en uno de los conceptos más vastamente utilizados en las más diversas áreas de las humanidades y las ciencias sociales, desde la economía y la demografía hasta la historia y la filosofía de la cultura.

Pasemos ahora al concepto de "mundo". En primer lugar, este concepto no nos remite aquí, como en su uso original, a una realidad objetiva, independiente de todo sujeto. Por el contrario, un mundo es siempre el mundo *de* un sujeto dado, individual o colectivo. Pero el término tampoco hace referencia a una entidad libremente construida o inventada, como en el caso de los mundos de ficción. Esto es así porque todo individuo se constituye como persona en un mundo pre-existente que, en el proceso de su constitución, se convierte en *su* mundo. Ese mundo le provee las herramientas primarias para dar sentido o inteligibilidad a lo que ocurre y *le* ocurre. El conjunto de tales herramientas constituye, como han remarcado filósofos contemporáneos de distintas orientaciones como Heidegger, Dewey, Wittgenstein y otros, un trasfondo pre-reflexivo que el sujeto interioriza progresivamente, no a través del pensamiento sino de la acción o "modo de actuar" (Wittgenstein, 1969: 110). Dicho de otra manera, el sujeto no es primariamente un pensador o un "espectador" (para tomar el término de Dewey) que contempla la escena desde afuera sino un actor metido en ella desde el vamos. Pero no es un actor que haya sido previamente consultado si acepta desempeñar el papel, simplemente se encuentra desempeñándolo (está "arrojado" en el mundo, según la metáfora heideggeriana).

Uniendo ahora los términos "crisis" y "mundo" según los acabamos de caracterizar, diremos que una "crisis de mundo" es una perturbación de un mundo histórico capaz de producir una desestabilización a partir de la cual se define si dicho mundo retornará en lo esencial al estado anterior a la crisis, desaparecerá o se transformará en un mundo o, incluso, una civilización diferente.

Recordemos que, con anterioridad al siglo XX, un mundo histórico podía estar en crisis pero otro mundo de la misma época podía no estarlo. Sólo a partir del siglo XX, como resultado del proceso de globalización, se dieron claramente las condiciones que posibilitan que una crisis de mundo en un lugar o lugares determinados se expanda y convierta en una crisis que afecta al mundo entero.[1] Por ejemplo, en nuestra época los conflictos del Medio Oriente entre Israel y Palestina o en Ucrania entre

---

1   El proceso de creación de estas condiciones llevó varios siglos. La teoría del sistema-mundo o d economía mundo, desarrollada por Immanuel Wallerstein en una vasta obra, especialmente en su libro *The Modern World-System*, cuyo tomo IV apareció en 2011, remonta los orígenes del sistema-mundo a las ciudades italianas del Renacimiento y luego va siguiendo su desarrollo hasta la actualidad A esta teoría o, más precisamente, enfoque del sistema-mundo, al cual ha contribuido también un numeroso conjunto de autores tales como Samir Amin, André Gunder-Frank, y otros, No hay duda de que ha hecho un aporte fundamental al estudio de las crisis mundiales. Sin embargo, en mi opinión, ha descuidado la dimensión cultural y simbólica, así como la subjetiva, vivencial de las crisis, dimensiones que juegan un papel clave en el estallido, evolución y finalización de las crisis.

Ucrania y Rusia, etcétera. En otras palabras, hemos pasado de crisis de mundos históricos relativamente aislados entre sí a una *crisis del mundo* (o crisis mundial). Hay que notar, sin embargo, que la manera y la intensidad en que el impacto de una crisis mundial afecta a cada país o región no es la misma porque depende no sólo de las características globales de la crisis sino también de las políticas de las unidades nacionales o regionales. Por tal razón algunos autores usan el término *"glocalización"* cuando desean subrayar el carácter a la vez global y local, de las crisis en un mundo globalizado.

El pasaje de las crisis en mundos históricos relativamente aislados de otros mundos históricos de la misma época a la crisis en un mundo fuertemente interconectado implica la aparición de características novedosas de las crisis. La gravedad de la crisis ecológica que la humanidad enfrenta actualmente, con su inédito potencial destructivo universal, es una de esas novedades. Naturalmente, en diferentes crisis históricas, el contenido específico y el papel de esas características puede ser muy diferente. Así, durante las tres décadas posteriores a la segunda Guerra Mundial la cara más peligrosa de la crisis era la posibilidad de un holocausto nuclear que podía desatarse incluso por un error de información pero, en la crisis actual, ese papel de *bisagra histórica* corresponde a su cara ecológica, lo cual no implica restar gravedad a las otras crisis en desarrollo.

Otra derivación a partir del concepto de "crisis de mundo" alude a la profundidad de la transformación a la que puede dar lugar. Cuando el resultado o desemboque de una crisis de mundo no es sólo la emergencia de un mundo novedoso en algunos aspectos, aunque sean centrales, sino en todo el sistema mundo la denominaré *crisis civilizatoria*. En cambio, hay casos históricos en que, si bien se producen, como consecuencia de la crisis, transformaciones muy importantes en distintos parámetros que regulan las relaciones sociales y políticas dentro de un mundo dado, otros parámetros fundamentales no se modifican sustancialmente. Así, por ejemplo, una crisis tan impactante como lo fue la de los años 29/30 del siglo pasado, que estuvo en el origen de desarrollos como el creciente poder expansivo del fascismo en Europa y Japón, la consolidación del régimen autoritario y burocrático en la ex Unión Soviética, el predominio en las dos primeras décadas después de la Segunda Guerra de políticas económicas neokeynesianas en Estados Unidos y su extensión a Europa, los procesos de descolonización en los países del Tercer Mundo, etcétera, dejó intacta, con la caída de la antigua Unión Soviética y sus satélites, la naturaleza capitalista del sistema mundial. En contraste, la crisis de inicios de la modernidad, que dio origen al capitalismo, fue una crisis civilizatoria ya que alteró como resultado todas las dimensiones del mundo medieval, incluidas las relaciones económicas.

Un interrogante acerca del futuro que se plantea a esta altura de la historia es si la crisis que actualmente afecta al mundo globalizado se podrá superar, como ocurrió con crisis anteriores, dentro de los límites del capitalismo o es el preludio de la emergencia de una nueva civilización (si es que se logra frenar a tiempo el proceso que conduce al colapso de toda forma civilizada de vida). Tomamos en cuenta aquí para asignar tal importancia a la categoría "capitalismo" el hecho de que es vivido como algo absolutamente "natural". Para tomar un ejemplo: nos puede molestar pero no nos sorprende en un concierto visto por televisión ser interrumpidos por una publicidad.

Recordemos que en la misma medida en que el capitalismo se naturalizó, los proyectos revolucionarios del siglo XIX, que querían derribar al capitalismo desde afuera, fueron perdiendo vigencia. Esto no implica que el capitalismo sea el fin de la historia, como sostenía el famoso *paper* de Fukuyama. Es más, su fin podría estar próximo por obra del desastre ecológico que tanto contribuyó a provocar. Lamentablemente ese final arrastraría consigo toda vida civilizada y, obviamente, no queremos esto. Pero examinemos más atentamente este problema.

Una crisis bisagra

La actual crisis mundial se caracteriza, como mencionamos, por el carácter de bisagra histórica que tiene su cara ecológica. El economista ecológico Herman Daly (2007) mostró gráficamente cómo se ha llegado a la crisis actual en las relaciones de la humanidad con la naturaleza mediante la imagen del pasaje de un mundo vacío a un mundo lleno:

> Nos hemos movido de un mundo vacío en el que el capital hecho por el hombre es limitante, hacia un mundo lleno en el cual lo que queda del capital natural es un limitante. Por ejemplo, en un mundo vacío la pesca estaba limitada por la escasez del capital hecho por los humanos (el número de barcos de pesca), pero ahora es limitada por la cantidad de peces en las aguas (capital natural). Tenemos un exceso de barcos de pesca.

La meta del crecimiento económico *máximo* alcanzable sin mayores consecuencias en un mundo vacío debería ser sustituida en un mundo lleno, afirma Daly, por la de un crecimiento óptimo, un crecimiento compatible con la conservación del capital natural. Si, por el contrario, se persiste en alcanzar un crecimiento sin límites y, por tanto, con el avance del subsistema económico sobre el ecosistema, o sea, continúa diciéndonos Daly, de la Parte sobre el Todo, es inevitable que se produzca una perturbación grave al nivel del sistema mayor y un efecto *boomerang* que amenace la misma supervivencia de la vida humana.

Los avisos de que hemos llegado al borde de un colapso[2] son múltiples e inequívocos: inundaciones e incendios de una magnitud sin precedentes, olas de calor y frío con temperaturas extremas, derretimiento de glaciares y casquetes polares, aumento del nivel del mar y el consiguiente riesgo de hundimiento de ciudades costeras, y una gran variedad de fenómenos más ligados con el calentamiento del planeta producido por la emisión de gases de efecto invernadero.

Esta amenaza de un colapso como culminación del proceso de calentamiento del planeta no es formulada sólo como en el pasado por autores de ciencia ficción sino que está contenida en numerosos estudios científicos y en informes basados en ellos. Sin embargo, las advertencias de que se aproxima el punto de no retorno después del cual el desastre será inevitable han sido y continúan siendo negadas o minimizadas o sólo aceptadas en teoría pero no en la práctica por distintos sectores influyentes, entre ellos poderosos actores económicos y políticos. Y, aún entre quienes no dudan de la necesidad de abordar con seriedad y urgencia la crisis, es frecuente la defensa de la postura según la cual la tecnología, que estuvo íntimamente asociada al proceso de cambio climático, puede ahora proporcionar la solución del problema. No hay duda de que el aporte de la tecnología es muy importante, notablemente en el caso de las fuentes de energía.

---

2   Ugo Bardi (2017) remonta la idea de colapso hasta el antiguo filósofo estoico romano Séneca por la siguiente frase de éste: "La fortuna es de crecimiento lento pero la ruina es rápida".

Lograr el reemplazo de energías contaminantes, especialmente las basadas en la extracción y el uso de combustibles fósiles, por energías limpias es fundamental. Sin embargo, confiar sólo o principalmente en el avance tecnológico para solucionar la crisis sería una receta para el fracaso.[3] Como lo ha señalado el estudioso Ugo Bardi, el cambio requerido va mucho más allá del reemplazo de unas tecnologías por otras:

> Lo único que podemos decir con certeza es que no hay tecnologías mágicas que nos puedan sacar fuera del callejón sin salida. La única vía es aprender a vivir dentro de los límites.

La frase "vivir dentro de los límites" es aquí la clave. El cambio que se requeriría sería fundamentalmente un cambio cultural que implica la sustitución de toda una forma de vida basada en el consumismo de una porción significativa de la sociedad y, por tanto, en la explotación sin límites de los recursos naturales necesarios para procurar satisfacerlo, por una forma de vida que esté tan culturalmente arraigada como lo está hoy la consumista pero cuyos actores prioricen el cuidado de la naturaleza. ¿Es esto factible? Una dificultad proviene de pensar en la magnitud del cambio que se requeriría para ello. Prácticamente toda la forma de vida actual está basada en el uso de combustibles fósiles que hacen funcionar medios de transporte como automotores, avio-

---

3   Sustantivistas tecnológicos como Paul Virilio o Bernard Stiegler sostienen que el avance tecnológico conduce inexorablemente a la destrucción de lo característicamente humano en el ser humano, aunque esto no sea entendido como una esencia sino como un producto histórico. No hay duda de que la tecnología moderna tiene, cuando es puesta al servicio de la destrucción, un enorme poder pero también tiene un gran poder para mejorar las condiciones de la vida humana y social en los más diversos órdenes. Cuál de esas potencialidades de la tecnología predomina no depende de la tecnología misma sino de quienes tienen el poder político, social y cultural para imponer una de las opciones.

nes, barcos, así como fábricas, usinas, etcétera. Esto no significa que no se puedan reemplazar pero el proceso para realizar este reemplazo probablemente requiera mucho más tiempo del que disponemos. Esta dificultad y otras dificultades prácticas por el estilo para encarar un programa que logre evitar el colapso anunciado son reales pero el problema es más profundo, reside en la forma en que nuestras economías y sociedades están organizadas. Hay por cierto muchísimas diferencias en relación con esa forma pero hay una característica compartida por una significativa parte de las sociedades actuales: el capitalismo. Esta forma de organización puede estar más o menos desarrollada pero no hay duda respecto de su universalidad. Esto no implica negar las diferencias entre distintos tipos de capitalismo. Así como los países avanzados de Occidente representan el ejemplo clásico de capitalismo, asociado a la propiedad privada de los medios de producción y a la democracia representativa, el capitalismo en otras regiones es muchas veces promovido por regímenes que no incorporan estos rasgos. Entre los tipos de capitalismo que no siguen el modelo occidental el más exitoso ha sido sin duda hasta ahora el capitalismo de estado chino, especialmente a partir del ascenso al poder de Deng Xiaopin a fines de la década del setenta. Es un tipo de capitalismo planificado, dirigido férreamente por una autoridad centralizada, impulsora de una economía que combina empresas de propiedad capitalista con empresas de propiedad estatal.

Ahora bien, el capitalismo ha demostrado a lo largo de su historia una capacidad asombrosa para reinventarse y salir fortalecido de las crisis. Al respecto, el economista austríaco Josef Shumpeter lo caracterizó, tomando una idea ya presente en Marx, por la generación de un proceso de "destrucción creativa".

Eso explica, según Schumpeter y la escuela de economistas que ha seguido con sus ideas, la notable capacidad de innovación del capitalismo. Una ilustración clara de ese proceso de destrucción creativa fue lo sucedido en las economías de Estados Unidos y Europa en las dos décadas posteriores a la segunda Guerra Mundial que, según las calificara el historiador marxista Eric Hobsbawm, han sido las dos décadas doradas del capitalismo, las mejores de toda su historia. Frente a la crisis ecológica actual la pregunta es si podría ocurrir algo similar.

El necesario reemplazo al que aludíamos de una energía basada en los combustibles fósiles por una energía limpia es un desafío que requiere grandes inversiones pero que probablemente producirá grandes beneficios a quienes realicen esas inversiones. Visto así, es un desafío ideal para el capitalismo. Sin embargo, podría objetarse, se trata de un desafío de una naturaleza diferente a los desafíos que el capitalismo enfrentó exitosamente hasta ahora. Es diferente porque puede en principio poner en jaque la naturaleza misma de la economía capitalista en su estructura actual. ¿Cuál es esa estructura? Por un lado, un número relativamente pequeño de corporaciones transnacionales se han apoderado de porciones cada vez mayores del mercado, absorbiendo, subordinando o expulsando a jugadores más pequeños. Este proceso de concentración se ha desarrollado a lo largo de todo el siglo XX y continúa. Por otro lado, hacia fines del siglo pasado y principios del presente siglo se creó un nuevo mercado, completamente distinto al de la economía tradicional. Este nuevo mercado está compuesto por bienes intangibles, los *big data* de la economía informacional. Son datos acerca de los deseos, las emociones, las preferencias de los millones de usuarios de los servicios que ofrecen las plataformas digitales como Google, Facebook, Tik Tok, entre otras. Pero esta distinción entre corporaciones no impide una alianza de hecho entre todas ellas en defensa del sistema y, a la vez, una lucha feroz entre las que comparten una misma porción del mercado. Se ha comparado esta situación con la que caracterizó el feudalismo medieval de modo que se puede hablar de "tecnofeudalismo" y de un proceso de re-feudalización del mundo.[4]

Uno de los mecanismos mediante el cual se ha constituido y afianzado el poder dominante de las grandes corporaciones es una "máquina" publicitaria que incita al público, en lo que respecta a la publicidad comercial, a comprar servicios y productos nuevos, o productos viejos pero en versiones que cada tanto se renuevan, a veces sólo en su envasado, y desechar por tanto los productos que ya posee en versiones anteriores. Me referiré a la historia de esta máquina, que denomino "máquina anti ilustrada", en el capítulo siguiente.

En conclusión, es claro que existe de hecho una contradicción entre el desafío representado por el cambio climático, que requiere una reducción drástica de la producción y el consumo de bienes de los cuales se podría prescindir sin poner en peligro la posibilidad de una forma civilizada de vida, y el dominio del mercado por grandes corporaciones que no cesan de incentivar el consumo de los servicios y productos que ofrecen. Es irónico, si no fuera dramático, que influyentes políticos declaren adherir a la lucha en contra del cambio climático pero no digan una sola

---

4   Véase el detallado estudio de Cédric Durand (2021), *Tecnofeudalismo: crítica de la economía digital*. Véase también, entre otras publicaciones relevantes sobre el concepto de re-feudalización, el estudio de Massimo de Carolis titulado "Crisis del neoliberalismo y crisis de la civilización" (en Nudler, 2020).

palabra acerca de una propaganda que incita al consumo cada vez mayor de bienes en buena parte superfluos.

Condiciones de posibilidad de un nuevo pensar

Volvamos ahora a la pregunta inicial sobre cómo podría ser, qué conceptos utilizaría un modo de pensar que contribuya desde nuestra perspectiva a enfrentar la crisis civilizatoria en que estamos inmersos. Antes de intentar responder esta pregunta conviene aclarar que con el uso del término "contribuir" pretendo tomar distancia tanto de la antigua visión arrogante de la filosofía que la consideraba la "reina de las ciencias" como de la visión positivista moderna que la considera una servidora de la ciencia.[5] A diferencia de ambas posturas, estoy persuadido de que desde la filosofía se puede ofrecer una contribución significativa, no subordinada pero tampoco supuestamente superior a otras contribuciones provenientes de las ciencias, las artes, la literatura y, en general, de las diferentes áreas de la cultura.

¿En qué consistió la mencionada contribución de la filosofía? A mi juicio, la mayor contribución que han hecho los filósofos cuya obra ha sobrevivido al paso del tiempo, e independientemente de que uno esté de acuerdo con sus teorías o doctrinas o

---

5   En la escolástica medieval se consideraba a la filosofía como servidora de la teología (*anchilla theologiae*). En cambio, en la modernidad algunos influyentes filósofos de la tradición empirista se veían a sí mismos, en el terreno del conocimiento de la realidad, como humildes servidores de la ciencia. Recordemos las palabras de John Locke en este sentido: "…y en una época que produce luminarias como el gran Huygens, el incomparable señor Newton y otras de su magnitud, es ambición suficiente trabajar como simple obrero en la tarea de desbrozar un poco el terreno y extirpar algunos de los disparates que estorban la marcha del saber…" (Locke, 1690 [1994]: 22).

Filosofía y Crisis Civilizatoria

no lo esté, ha sido abrir nuevos senderos al pensamiento.[6] Por ejemplo, y para mencionar un área no directamente vinculada con problemas sociales y políticos, el sendero que fue abierto por la interpretación del cosmos en términos matemáticos fue iniciado por los pitagóricos y luego retomado por Platón aunque fue Arquímedes quien lo utilizó para un estudio concreto de fenómenos naturales. Pero Aristóteles, considerado durante siglos como el filósofo, descartó ese sendero, con lo cual tuvieron que transcurrir casi dos mil años para que fuera retomado por Descartes, Galileo, Newton y quienes los siguieron. En general, la historia de la filosofía se ha caracterizado por una repetida apertura, por parte de grandes pensadores, de senderos para el pensamiento, senderos luego transitados por discípulos y seguidores y rechazados o dejados de lado por detractores de cada uno de ellos. ¿De qué modo esa historia podría ayudarnos hoy a abrir nuevos senderos? En principio, si bien existe una conciencia creciente de los daños que provoca la organización actual de la vida humana, no existe una visión clara acerca de cuáles serían los caminos para superarla. Es en este punto que desde la filosofía se podría, y debería, intentar contribuir mediante la apertura de nuevos senderos al pensamiento.

---

6   Me gustaría aclarar que el uso de la expresión "senderos del pensamiento" que hago en este apartado no está inspirado en la noción de "sendas perdidas" de Martín Heidegger sino en el relato de J. L. Borges "El jardín de los senderos que se bifurcan". Al igual que en la historia de la filosofía, en el jardín borgeano los senderos que lo atraviesan se van bifurcando y alejando entre sí pero a veces, nos dice Borges, "convergen". ¿No es esto reminiscente del alejamiento entre distintas escuelas y tradiciones filosóficas, hasta el punto de desaparecer todo diálogo entre ellas, pero, también, a su ocasional convergencia como ocurrió, por ejemplo, a raíz del giro lingüístico de principios del siglo XX?

Una primera dificultad surge del hecho de que los grandes filósofos del pasado, de los presocráticos en adelante, vivieron en tiempos en que no existían elementos tan definitorios de la realidad actual como, para mencionar sólo algunos, la amenaza de un colapso ambiental, la manipulación de masas mediante el uso de antiguas y nuevas tecnologías de la información y la comunicación, el aumento exponencial de la desigualdad entre personas, grupos humanos, regiones del mundo, entre otros desarrollos vinculados entre sí. Todos estos rasgos de la realidad presente del mundo, especialmente la manipulación de las masas por medio de máquinas que lo "saben todo" acerca de esas personas, constituye, según la estudiosa Shoshana Zuboff (2019), una nueva forma de capitalismo que denomina "capitalismo de vigilancia". Para Zuboff esto constituye un "hecho sin precedente alguno antes" y por tal razón hacen falta, sostiene, categorías enteramente nuevas para entenderlo y eventualmente combatirlo. A mi juicio, esto último es sólo así en algunos casos. Como lo ha mostrado, la historia de los conceptos y su aplicación a la realidad ésta ha sido muy compleja y extremadamente variada. Y nada permite pensar que no lo seguirá siendo. Por un lado tenemos, como lo ilustra Zuboff con el ejemplo del "carruaje sin caballos" para definir el automóvil, conceptos antiguos que no sirven para entender hechos nuevos, en este caso la aparición del automóvil. Pero hay también conceptos ya disponibles que sí pueden ser aplicados para entender realidades nuevas. Por ejemplo, conceptos útiles para entender el efecto negativo que, según la misma Zuboff y otros críticos, produce sobre los seres humanos el "capitalismo de vigilancia". Ese efecto negativo consiste, esencialmente, en la cancelación de toda posibilidad de autonomía en el pensamiento, Pero este concepto de autonomía

Filosofía y Crisis Civilizatoria

no es nuevo, ya fue formulado y utilizado durante la Ilustración del siglo XVIII. Aquí utilizaremos, como mencionamos la versión que le dio Kant en 1784. En este caso, el concepto mismo de "capitalismo de vigilancia" ya fue explicitado, aunque sin utilizar estos términos, en 1928, por un sobrino de Freud, Paul Bernays.

Sin embargo, debo hacer aquí una salvedad. Reconocer la relevancia de conceptos ya disponibles para analizar fenómenos nuevos no implica que deban utilizarse *tal cual* fueron acuñados en su origen. Se trata más bien, como apunta Tzvetan Todorov (2014), de partir de esos conceptos y "refundamentarlos" con miras a su aplicación a situaciones nuevas. Si bien en la filosofía, a diferencia de otras disciplinas, su historia tiene una presencia viva (lo cual no debería implicar confundir filosofía con historia de la filosofía), conceptos creados en ciertos contextos históricos deben ser repensados, recreados para poder ser aplicados fructíferamente en contextos históricos distintos. A mi juicio es preciso seleccionar, reformular y articular conceptos que se encuentran dispersos a través de la historia de la filosofía con el propósito de delinear con su ayuda un modo nuevo de pensar la crisis del mundo actual. La novedad residiría no tanto en el hecho de retomar esos conceptos sino en formar con ellos (más conceptos nuevos) un instrumento analítico suficientemente poderoso para abordar la presente crisis. Y es preciso agregar que no bastan para ello conceptos aislados sino que se necesita una batería articulada de conceptos. Sólo así se podrá lidiar con la multitud de aspectos y dimensiones diferentes que están en juego. Justamente los grandes filósofos se han caracterizado por su *interés universal*, interés que los ha llevado a articular entre sí dimensiones aparentemente muy alejadas entre ellas.

Habría que tomar en cuenta, asimismo, que las transformaciones significativas de la realidad humana y social han sido precedidas o acompañadas por transformaciones en el pensamiento. Un desafío que enfrenta quien siente la necesidad de participar de un proceso de transformación de la realidad consiste en que debe al mismo tiempo rearmar, mientras navega a bordo de un barco como el que imaginó Otto Neurath[7], el equipaje conceptual con que cuenta para ello.

Y habría que tomar en cuenta también, finalmente, que pensar filosóficamente suele implicar un alejamiento de las realidades concretas, aunque este alejamiento no debería llegar al extremo de impedir después aplicar sus resultados a esas realidades. En suma, se trata de *reculer pour mieux sauter*.

La tensión del filosofar, idiotismos y atopía socrática

El modo de pensar al que apuntamos no parte de cero, como pretendía Descartes al caracterizar la fortaleza analítica que construyó en un contexto de fuerte intolerancia. Notemos de paso que los participantes del espacio de la filosofía pueden discrepar entre sí, y normalmente lo hacen, contando con la relativa seguridad de que no arriesgarán su pellejo por hacerlo. Claro que si la crítica va más allá del círculo de la filosofía y afecta de algún modo a sectores social y políticamente poderosos, esa seguridad puede desaparecer. Como es sabido, aún en la democrática Atenas antigua, Sócrates fue condenado a muerte. Y Aristóteles,

---

7   El símil del barco de Neurath es una crítica del fundacionalismo según el cual existe la posibilidad de tener un fundamento firme e incuestionable para construir el edificio del conocimiento sobre la base de él. Por el contrario, para Neurath somos como navegantes que deben reparar las partes dañadas del barco por la tormenta mientras siguen navegando apoyándose en las partes que subsisten sin daños.

Filosofía y Crisis Civilizatoria

unos setenta y cinco años después, consideró prudente huir de la ciudad para que ésta, según alegó, no cometiera un "segundo crimen contra la filosofía".

El modo de pensar que estamos esbozando es reconocidamente tributario de modos de pensar precedentes, en especial modos de pensar *clásicos*. ¿Qué implica el calificativo "clásico"? Digamos, en primer lugar, que no reducimos, como suele hacerse, el campo de aplicación de esta noción a la antigüedad. En este sentido, se han formulado, especialmente con referencia a la literatura y también a la música, las artes visuales y también las humanidades, diversas formas de responder a la pregunta formulada por T. S. Eliot en su ensayo "¿Qué es un clásico?" La respuesta del mismo Eliot es que un clásico se caracteriza esencialmente por poner un orden donde naturalmente no existía. En la filosofía, la obra de los filósofos clásicos puede caracterizarse a mi juicio de una manera similar, como dirigida a crear un orden donde no existía (o bien, si un cierto orden ya existía, reemplazarlo por un orden alternativo).

La pregunta que surge naturalmente a partir de esta caracterización es cuáles son los elementos ordenados por una filosofía clásica. La respuesta es que son, como sugeríamos antes al mencionar el interés universal de los filósofos, elementos muy diversos provenientes de distintas áreas de la cultura: las ciencias, las artes, la literatura, la poesía, etcétera. Y, más allá de estos y otros desarrollos culturales, los filósofos clásicos se han interesado fuertemente también por distintos ámbitos de la acción colectiva como la política o la educación. Esta amplitud y variedad de fuentes no conduce sin embargo, en el contexto de una filosofía clásica, a una acumulación acrítica de elementos porque la selección está orientada por un proyecto o programa elaborado y reelaborado por el sujeto que filosofa.

Una filosofía clásica puede ser muy diferente de otra filosofía clásica pero, como se desprende de la definición de Eliot, ambas se caracterizan por presentarse como una totalidad cuyas partes están articuladas entre sí: la reflexión sobre el conocimiento científico, sobre la conducta y los juicios morales, sobre la belleza y el arte, sobre las distintas formas de orden político y social, sobre la vida y la muerte, etcétera. Por detrás de esta reflexión sobre temas tan diversos se adivina la tensión del filósofo o filósofa que se esfuerza por alcanzar y mantener la unidad del conjunto. Esta *tensión del pensar filosófico* no sólo es resultado del interés universal de los filósofos sino también, en sus mejores momentos, de una actitud vital comparable a la de un arquero que apunta al blanco con el arco tenso disponiéndose a disparar una flecha. O sea, apunta a la construcción de un futuro considerado deseable.

¿Dónde puede percibirse concretamente la tensión del filosofar? Hay textos filosóficos paradigmáticos en este sentido. Recordemos, por ejemplo, la tensión que trasmite el Descartes de las *Meditaciones*, quien, en su búsqueda de una certeza resistente a toda duda, se hunde en el abismo de la duda hiperbólica, asaltado por la sospecha de que un genio maligno lo está engañando haciéndole creer falsamente que sus sentidos le dan acceso al mundo real. No es casual que este texto no sólo forme parte de los cursos de historia de la filosofía sino también de historia de las letras francesas.

Desde un punto de vista más general, hay tensiones provenientes de las relaciones de la filosofía con otras áreas. Por ejemplo, el área de las relaciones entre la filosofía y las ciencias.

Como es sabido, las ciencias más antiguas, en particular la matemática, la física y la biología, formaron parte en sus orígenes de la filosofía pero luego, a partir del siglo XVII, se fueron separando de su tronco común. Se podría predecir sobre la base de esta historia, como lo hiciera John Austin, que una vez que todas las áreas se hayan separado de la filosofía ésta desaparecería como una hoja seca en el otoño arrastrada por el viento. Sin embargo, la filosofía, lejos de desaparecer, obstinadamente siguió existiendo. Y siguió interesándose en sus vástagos independizados, dando lugar incluso a la creación de lo que en muchos casos se denominan *filosofías de...* (de la ciencia, de la tecnología, del arte, del lenguaje, etcétera). Este interés, esta *atracción* por áreas muy distintas entre sí que caracteriza a la filosofía clásica es una de las fuentes de la tensión del filosofar. Expresado mediante otra metáfora, el filósofo podría compararse a un malabarista que arroja varios objetos al aire a la vez y procura que ninguno caiga al suelo.

Una consecuencia que se sigue de la naturaleza de la filosofía según la venimos caracterizando hasta aquí es que no puede limitarse a tomar como base, aunque sean necesarios, los saberes especializados en una dimensión, como la económica o la política. La filosofía, se ha dicho con razón no es una "especialidad", al menos no lo es al modo de las ciencias, que generan saberes cada vez más especializados (aunque los practicantes de la filosofía suelen presentarse como especialistas, a veces por convicción y otras veces para sobrevivir en el mundo académico).

Tomemos en cuenta finalmente que no basta con la construcción de puentes entre los saberes que ya poseemos pues esto por sí mismo no impide que sigamos transitando por los viejos caminos del pensamiento. Algunas preguntas que uno podría hacerse al respecto es cómo han surgido a través de la historia modos de pensar nuevos potencialmente transformadores de la realidad, quienes los formularon y si hay algo en común entre ellos. Gilles Deleuze y, más recientemente, Byung-Chul Han dieron una respuesta que suena como paradójica a esta pregunta. Sí, afirman, lo común entre ellos es que eran idiotas. A primera vista, esta afirmación parece tener como objetivo *épater le bourgeois* pero su significado es más profundo, va mucho más allá de eso. ¿En qué sentido del término "idiota" esos pensadores lo fueron según estos autores? El diccionario de la Real Academia de la Lengua española, en su definición del término "idiota", en su segunda acepción, captura parte de ese sentido. Un idiota es, dice, "una persona que es poco inteligente o *que molesta a alguien con lo que hace o con lo que dice (no seas idiota)*" (subrayado mío). Muchas veces, incluso, molesta a las personas "normales" o "razonables" con su sola presencia.

Es claro que un o una idiota es alguien que ni habla y ni se comporta de un modo que la mayoría considera "normal". No implica necesariamente esto un juicio sobre sus opiniones, que pueden ser diferentes o incluso opuestas a las nuestras. Tampoco sobre su modo de caminar, vestir, comer, llamar la atención sobre sí o tratar de disimular su presencia… Todos estos comportamientos pueden considerarse de buen o mal gusto, apropiados o inapropiados, aceptables o inaceptables en términos éticos o estéticos, hábiles o torpes, etcétera, pero no exclusivos de alguien. calificado de idiota en el sentido mencionado. Además, un o una idiota es alguien que puede hacer reír a otros no porque se lo propusiera. Por ejemplo, así presenta Aristófanes a Sócrates en varias obras que le dedicó, especialmente en *Las Nubes*. En la primera escena de esta comedia aparece metido en un canasto colgado de un árbol adorando a las nubes como si fueran diosas. Diógenes Laercio cuenta que Sócrates mismo se divertía cuando asistía al teatro al verse así retratado. Pero, como nos recuerda la definición de la Real Academia, un o una idiota también puede provocar otras emociones aparte de la risa, entre ellas miedo, enojo o ira, incluso indignación.

En la *Apología*, un diálogo de la primera etapa de la trayectoria platónica y también en *Teeteto*, un diálogo perteneciente a su etapa tardía, Sócrates se califica a sí mismo como tábano de la ciudad. ¿Qué mejor ejemplo de alguien o algo que molesta que un tábano? Recordemos, por otra parte, que Sócrates, a la vez que era admirado y seguido por quienes lo consideraban un maestro, no sólo sostenía que era ignorante sino que sus interlocutores también lo eran pero presumían de tener una sabiduría que no tenían. Como era de esperar, esto molestó mucho sobre todo a personajes poderosos de la ciudad quienes, al dialogar con Sócrates, llegaba un momento en que se sentían ridiculizados al ver expuesta en público su ignorancia.

En mi opinión el idiotismo en el sentido expuesto no debería generalizarse a toda la filosofía, como sugiere Deleuze. Es a mi juicio sólo una de las formas en que se manifiesta una cualidad más fundamental: la *atopía*. Esto es, la carencia de un lugar previsto para cada individuo en el mapa mental que los miembros de una sociedad tienen de los lugares que ocupan otros miembros con los cuales interactúan o, sin interactuar con ellos, pueden ubicar en alguna categoría. Si, como parecía evidente, Sócrates era un maestro, un *sophistés* que era seguido por muchos que se consideraban sus discípulos ¿cómo podía pretender entonces que no enseñaba nada a nadie porque no sabía nada, excepto eso mismo, que no sabía nada? Su pretensión de ignorancia chocaba con las expectativas acerca de alguien como él. Pero fue esto, precisamente, lo que Sócrates parecía buscar para romper la coraza del conformismo con los modos de pensar (y de vivir) establecidos.

Vale la pena mencionar aún otra reacción común frente a la atopía: la sorpresa, el desconcierto. El joven Fedro caracteriza el comportamiento de Sócrates del siguiente modo:

> Pero tú, por cierto, admirable Sócrates, resultas un individuo de lo más extravagante. Pues, en lo que dices, te pareces sin más a un extranjero que es guiado por alguien y que no es del país. [Pero] no abandonas la ciudad de viaje a tierras extrañas, ni siquiera, a mi entender, para salir fuera de las murallas. (*Fedro*, 229c-d)

Como puede verse, Fedro expresa su desconcierto ante Sócrates, un ateniense que nunca salió de la ciudad pero que hablaba y se comportaba como si fuera un extranjero. En efecto, Sócrates fue para sus conciudadanos, como dice Agatón, raro, extraño, *átopos*, características que tuvieron un papel clave en su procesamiento y condena a muerte por el tribunal que lo juzgó.

Para finalizar esta parte, recapitulemos brevemente los rasgos del pensamiento introducidos hasta aquí. Dijimos en primer lugar que es un pensar *tenso*, un pensar tironeado en distintas direcciones y que busca lograr un equilibrio entre ellas. Es también, agreguemos, un pensamiento cargado de historia, en especial de su propio pasado pero a la vez orientado hacia el futuro, como, según apuntamos, un arquero preparándose para disparar una flecha. Dijimos asimismo que es un pensar *autónomo*, que no adhiere irreflexivamente a los dictados de otros sino sólo acepta o rechaza una creencia sobre la base de la razón. Pero también añadimos que esta autonomía no sólo no

Filosofía y Crisis Civilizatoria

excluye el diálogo sino que sólo puede construirse y afianzarse en el intercambio dialógico, en particular el diálogo *controversial* en que nuestras creencias son sometidas a las objeciones de interlocutores que están en desacuerdo con ellas.

Hasta aquí hemos introducido algunos rasgos básicos del modo de pensar que estamos caracterizando referidos especialmente a la vida interna de las comunidades filosóficas. Pero también hay, por supuesto, otros rasgos referidos a la relación de la filosofía con el mundo al que pertenece. Para finalizar este capítulo daremos dos ejemplos de tales rasgos. En primer lugar, la distinción entre democracia superficial y democracia profunda. La primera es una democracia sólo referida al plano de la representación política. La segunda en cambio se extiende a todos los submundos que constituyen un mundo dado como la familia, la empresa, las asociaciones de la sociedad civil de todo tipo. Esto no implica falta de orden o de autoridad, o falta de reconocimiento de los saberes y la experiencia, implica ante todo un tema de responsabilidad, un dar cuenta con suficiente periodicidad y rigor de las acciones realizadas.

Un segundo rasgo fundamental que mencionaré a título de ejemplo del modo de pensar aquí propuesto es el relativo a la dimensión de futuro, la que podemos denominar la dimensión utópica . La necesidad de añadir ese rasgo surge en respuesta a la pregunta por el tipo de sociedad y cultura al cual apunta nuestro modo de pensar.

CAPÍTULO 2

La máquina anti ilustrada: una breve historia

Paul Bernays, sobrino de Freud, llega a América

La historia de la manipulación de audiencias es muy extensa, la podemos remontar por lo menos hasta los antiguos griegos. La crítica a los sofistas que formulara el Sócrates de los diálogos platónicos tempranos era básicamente que éstos se proponían enseñar a sus alumnos técnicas para persuadir a sus oyentes de la verdad de ciertas creencias aún a sabiendas de que eran falsas. En el último siglo se ha producido un avance notable de las tecnologías destinadas a la manipulación masiva. Se ha diseñado y aplicado todo un gigantesco aparato destinado a dificultar o, de ser posible, impedir el desarrollo de un pensamiento autónomo y potencialmente crítico. En los más variados ámbitos de la vida social, desde la compra de un producto hasta el voto en una elección, actúa un mecanismo por el cual muchos creen que toman sus decisiones libremente cuando en realidad son inducidos con "malas artes" por otros a pensar y obrar como lo hacen. Esta pauta de comportamiento puede caracterizarse como opuesta a la que los *philosophes* del siglo XVIII pregonaban y que Kant sintetizara, como mencionamos en el capítulo 1, en lo que denominó la divisa de la Ilustración: ¡*sapere aude*! (ten el coraje de saber y, por tanto, de pensar por tu propia cuenta).

Podemos situar en los años veinte del siglo pasado el inicio de una etapa de construcción de una máquina sofisticada que, en razón de su implícita oposición a la divisa kantiana mediante el uso de nuevas tecnologías, denomino *máquina anti ilustrada*. Edward Bernays es el personaje principal de esta historia. Bernays era un emigrado austríaco en Estados Unidos que conocía bien la obra de su tío Sigmund Freud, así como la de Gustave Le Bon y otros estudiosos del comportamiento de las multitudes como Wilfred Trotter o Everet D. Martin. Se veía a sí mismo no en el rol de su tío, como terapeuta de individuos afectados por una patología psíquica, sino como terapeuta de corporaciones.

Bernays publicó en esos años un par de influyentes libros sobre el tema: *Crystalizing Public Opinion* (1923) y *Propaganda* (1928). Fundó con estas obras una disciplina dedicada al estudio de las "relaciones humanas" y de la "opinión pública" (términos que forman parte desde entonces de la jerga de la disciplina). Todo estaba pensado en función del mercado y los negocios. Su presupuesto básico era la concepción del ser humano de su tío Sigmund como un ser que, lejos de su definición clásica como animal racional, toma decisiones movido prioritariamente por emociones e impulsos no racionales. Asimismo, Bernays creía como Le Bon en la mentalidad de rebaño de las masas y, por tanto, en su proclividad a ser llevadas a comportarse de un modo no elegido por ellas sino por otros. En términos kantianos, las masas se encontrarían en un estado de minoría de edad. El siguiente pasaje de *Propaganda* expresa estas ideas con una inusual claridad:

La manipulación consciente e inteligente de los hábitos y opinión de las masas es un elemento importante de toda sociedad democrática. Aquellos que manipulan el mecanismo oculto de la sociedad y constituyen nuestros gustos son un gobierno invisible que es el verdadero poder que gobierna nuestro país. Somos gobernados, nuestras mentes moldeadas, nuestras ideas sugeridas mayormente por hombres de los que nunca hemos oído hablar. Esto es un resultado lógico de la manera en que está organizada nuestra sociedad democrática... En casi cualquier acto de nuestras vidas, sea en la esfera de la política o de los negocios o en nuestra conducta social o en nuestro pensamiento ético, estamos dominados por un número relativamente pequeño de personas que entienden los procesos mentales y los patrones sociales de las masas. Son ellos quienes manejan los hilos que controlan la opinión pública...Si entendiéramos el mecanismo y las motivaciones de la mentalidad de grupo, ¿no sería posible controlar y conducir a las masas de acuerdo con nuestra voluntad y sin que se dieran cuenta de ello? La práctica reciente de la propaganda ha probado que, hasta cierto punto, ello es posible. (Bernays, 2008: 122)

Lejos de toda intención crítica, el propósito de Bernays en este fragmento parece ser, primero, afirmar, aunque suene paradójico, que la democracia (suponemos que su modelo es la democracia norteamericana) es un sistema que incluye la manipulación de las personas en diferentes aspectos de sus vidas por parte de operadores ocultos. Y, segundo, dar a entender que estos operadores son gente como él, conocedoras de los mecanismos que mueven a las masas y dispuestos a vender ese conocimiento a quienes puedan pagar por ello. No consideraba, pues, esta actividad como reñida con la democracia sino, por el contrario, constitutiva de ella. Si hubiera sido cuestionado al respecto, probablemente hubiera respondido que los mecanismos que describía eran perfectamente compatibles con las instituciones de la democracia representativa como la división y el control mutuo de los poderes del Estado (*checks and balances*), la renovación periódica de los cargos públicos a través del voto popular, etcétera.

Esto es sin duda cierto pero también es cierto que la manipulación que menciona no parece compatible con el significado original de "democracia" como gobierno del pueblo.

Bernays denominó el conjunto de técnicas utilizadas por la propaganda como "ingeniería del consentimiento", título de un libro que publicó varios años más tarde. La efectividad de esta "ingeniería" fue probada por él mismo a través de varias campañas publicitarias que tuvieron un gran éxito, encargadas a su empresa por poderosas corporaciones globales. Por ejemplo, con una de sus campañas, hecha por encargo de la American Tobacco Co., productora de los cigarrillos *Lucky Strike*, logró, asociando el fumar con la libertad femenina, y mostrando fotografías de mujeres bellas y famosas fumando felices, que una gran masa de mujeres que hasta entonces no tenían el hábito de fumar porque estaba en esa época socialmente mal visto, lo adquiriese, multiplicando así exponencialmente las ganancias de su cliente.

Las mismas técnicas fueron introducidas por Bernays en la esfera política. Fue por ejemplo el autor de una campaña cuyo objetivo fue predisponer a la opinión pública a favor del golpe de estado que depuso en 1954 el gobierno democráticamente elegido de Jacobo Arbenz en Guatemala. Ese gobierno había amenazado con su proyecto de reforma agraria los intereses de uno de sus clientes, la *United Fruit Company*, dueña de grandes plantaciones de bananos, Luego de obligar a Arbenz a renunciar, se instaló una dictadura que fue funcional a los intereses de la *United Fruit*.

Si retrocedemos unos veinte años, hasta inicios de la década del 30, y nos situamos en Alemania, encontramos que, para consternación de Bernays, más aún por su condición de judío, alguien que había leído con muchísimo interés sus libros y aplicado sus recomendaciones fue nada menos que Josef Goebbels, el tristemente célebre ministro de propaganda de Hitler.

Un tercer reino: internet y las redes sociales

Comparativamente con lo que ocurrió después a partir de la introducción de las nuevas tecnologías de la información y la comunicación, en la época de Bernays, la maquinaria de manipulación masiva aún estaba en su infancia. El nivel de penetración que iría alcanzando a medida que se fueron inventando y difundiendo las nuevas tecnologías se ha ido desde entonces profundizando y acelerando. En particular, la invención y difusión masiva de internet, paralelamente con la aparición de las computadoras personales y los teléfonos inteligentes, y la creación en 1991 de la World Wide Web 2.0, y la de las redes sociales en los primeros años del siglo XXI, fueron hitos decisivos de ese proceso. Internet ha sido comparada con dos invenciones que cambiaron el curso de la historia de la especie humana: la invención de la escritura y la de la imprenta. El filósofo cognitivo Daniel Dennet ha subrayado la radicalidad del corte que implicó la difusión masiva de internet en relación con la era pre digital afirmando que si un día se produjera su caída, no temporaria sino definitiva, no volveríamos a la época anterior a esta catástrofe sino a la edad de piedra, es decir, no recuperaríamos el mundo civilizado tal como era inmediatamente antes de esa hipotética pérdida.

Si bien los avances tecnológicos en el área de la información y la comunicación han contribuido, por un lado, a generar espacios de resistencia y contra poder, han levantado, por otro lado, en vastos sectores de la población, obstáculos difíciles de vencer para la conquista de un pensamiento autónomo. Lo que se ha formado, en opinión del estudioso Mark Fisher, es "algo más parecido a una atmósfera general que condiciona no sólo la producción de cultura sino también la regulación del trabajo y la educación, y que actúa como una barrera invisible que impide el pensamiento y la acción genuinos".

El caso de las redes sociales, creadas a principios del siglo XXI, es ilustrativo al respecto, Fueron al principio, y continúan siendo, un instrumento poderoso de difusión e intercambio de información y opiniones entre sus usuarios. Y también son funcionales para la organización de manifestaciones políticas de un signo ideológico u otro. Asimismo, las redes han hecho posible, al menos en ciertas áreas, la cooperación desinteresada entre sus usuarios, como en el caso paradigmático de Wikipedia. O en los inicios de YouTube, para el intercambio sin fines de lucro de música y videos. Sin embargo, no mucho después de su creación las redes sociales atrajeron el interés de corporaciones como Google, Facebook y otras. Si bien el propósito excluyente de las corporaciones es la búsqueda del lucro, continuaron usando la retórica de la cooperación desinteresada. La investigadora de las redes sociales José van Dijck reconstruyó la historia de cada una de las principales redes entre los años 2005 y 2012 a la luz de este contraste. Entre sus conclusiones señala que, efectivamente, bajo una apariencia de participación en una comunidad de pares, los que controlan las redes obtienen "un valioso subproducto que los usuarios no han tenido intención de brindar: información acerca de su comportamiento y sus preferencias" (van Dijck, 2013: 29). Así, por ejemplo, cuando un usuario hace click sobre el botón "me gusta" de Facebook. desencadena una serie de algoritmos que van definiendo automáticamente su perfil como potencial consumidor o votante mediante diversas técnicas estadísticas como la clasificación, la regresión, etcétera. Desde sus inclinaciones políticas hasta su orientación sexual, desde su círculo de amigos hasta sus planes de viaje, junto con los cambios que experimenta a lo largo del tiempo, Facebook, Google y las otras plataformas digitales almacenan en forma utilizable y sobre todo monetizable un torrente gigantesco de datos (big data) sobre sus millones de usuarios en todo el mundo. La estudiosa de este mecanismo Zeynep Tufekci, en una de las conferencias Ted sobre el tema, puso varios ejemplos de esta utilización. Se refiere en uno de ellos al caso de alguien clasificado como maníaco depresivo. Los algoritmos de Facebook no sólo permiten saber que un cierto individuo tiene esa patología sino también los períodos en que se halla en uno u otro estado de modo tal que se le enviarán reiteradamente ofertas de viajes a Las Vegas justo cuando se encuentra en su período maníaco. Los algoritmos, a medida que reciben más datos, van aprendiendo más y más cómo captar la atención de los millones de usuarios de las plataformas, cómo segmentarlos y poder dirigir así una publicidad a medida de cada segmento.

Google desarrolló tempranamente este mecanismo de aprovechamiento de los datos. Durante varios años Google acumuló información sobre sus millones de usuarios en todo el mundo especialmente a través de su motor de búsqueda y de Gmail.

En 2015 creó una corporación denominada Alphabet. En esta empresa integró, además de Google Chrome y Gmail, aplicaciones en las áreas de biotecnología, medicina, urbanismo, investigación y desarrollo, servicios como Google Maps, YouTube, etc. Es un monstruoso mecanismo que puede abarcar todos los espacios de la existencia. Es, en definitiva, una verdadera "industria de la vida" como la caracteriza Pierre Sadin (2018). No lo hace, dice Sadin, de manera agresiva sino como un acompañante amable, eficaz y silencioso. A su vez, Byung-Chul Han, retomando el concepto de idiotismo comentado en el capítulo anterior, afirma que "el minucioso despliegue de las redes y la comunicación digital han amplificado masivamente la compulsión al conformismo. La consiguiente violencia del consenso está suprimiendo los idiotismos".

CAPÍTULO 3

Crisis y relación yo-mundo

Rupturas de la relación: entre Proust y Macbeth

Hay una relación estrecha, íntima, que toda persona tiene con el mundo en que se ha constituido. Sin embargo, al mismo tiempo y en ciertas circunstancias esa relación puede romperse. Es incluso normal que haya rupturas de la relación aun cuando ésta esté sólidamente establecida. Veamos, título de ejemplo de este tipo de ruptura normal, un pasaje de *En busca del tiempo perdido* de Marcel Proust (1913 [2020]):

> A mí me bastaba con un sueño profundo que aflojara la tensión de mi espíritu para que éste dejara escaparse el plano del lugar en donde yo me había dormido, y al despertarme a medianoche, como no sabía en dónde me encontraba, en el primer momento tampoco sabía quién era; en mí no había otra cosa que el sentimiento de la existencia en su sencillez primitiva, tal como puede vibrar en lo hondo de un animal, y hallábame en mayor desnudez de todo que el hombre de las cavernas; pero entonces el recuerdo, y todavía no era el recuerdo del lugar en que me hallaba, sino el de otros sitios en donde yo había vivido y en donde podría estar. descendía hasta mí como un socorro llegado de lo alto para sacarme

de la nada, porque yo solo nunca hubiera podido salir; en un segundo pasaba por encima de siglos de civilización, y la imagen borrosamente entrevista de las lámparas de petróleo, de las camisas con cuello vuelto, iban recomponiendo lentamente los rasgos peculiares de mi personalidad.

Como vemos, en este bello fragmento Proust pone la lupa sobre el instante, extremadamente fugaz, de una duración no mayor de un segundo nos dice, ubicado entre el sueño profundo y la vigilia, en que a la expresión ser-en-el-mundo se le han caído los guiones. La energía, la *tensión* dice el narrador, que une a un ser humano con su mundo ha desaparecido con el sueño y aún no ha reaparecido. En este intervalo, ni el ser *humano* ni su mundo subsisten por separado. Sin embargo, nos advierte Proust, hay algo que permanece, algo más elemental que un ser humano ya que sólo consiste en el sentimiento de la existencia en su "sencillez primitiva", tal como puede vibrar en "lo hondo de un animal". Es una existencia, agrega Proust, aún más elemental que la del "hombre de las cavernas": no sabe qué ni quién es, no se diferencia a sí mismo de lo que lo rodea. Es, diríamos, un proto individuo. Pero, pasado ese instante, y no por decisión propia ya que la acción de decidir no es algo que esté a su alcance, "desciende desde lo alto" un socorro gracias al cual ocurre el milagro de reconstitución de la unidad perdida, y por tanto, de un ser humano y su mundo. Como si presionáramos el botón de avance rápido de un reproductor de DVDs, en un segundo pasamos por encima de "siglos de civilización" hasta llegar a la escena en la cual se reanuda la proyección normal interrumpida durante la noche. Esta escena pertenece ya al presente, es decir, al mundo de Proust, con "lámparas de petróleo y camisas de cuello vuelto".

Así, pues, aún en un mundo estable, la ruptura de la relación sujeto-mundo asoma fugazmente en momentos como el que rememora Proust. Hay otros momentos en que la ruptura es más duradera pero que finalizan del mismo modo, con el restablecimiento del vínculo sujeto-mundo. La dialéctica entre ruptura con el mundo y recuperación del mundo y, por ende, de sus mecanismos de asignación de sentido, es parte del juego normal de la vida en sociedad. Pero hay circunstancias en que la unidad sujeto-mundo se debilita hasta el punto de volverse imposible de restablecer. En la literatura, uno de los ejemplos más claros es el momento en que Macbeth adquiere conciencia del vacío de sentido no sólo de su propia vida sino de la vida en general. Ese momento es cuando se entera del suicidio de Lady Macbeth, inspiradora y guía de su decisión de apoderarse del trono de Inglaterra asesinando al legítimo rey. Hace entonces su famosa reflexión: "la vida es un cuento contado por un idiota llena de ruido y furia que no significa nada".

Este quiebre del sentido puede ser, a diferencia de lo que le sucedió a Macbeth, voluntario, producto de la toma de conciencia y rechazo de las reglas que rigen en el mundo del que se forma parte. Es, como podemos conjeturar, el caso de Espartaco, el esclavo romano que un día dejó de aceptar la esclavitud como un estado "natural". Así la había teorizado Aristóteles y así estaba vigente en Roma. La rebelión de Espartaco se volvió seriamente amenazante para el poder establecido cuando miles de esclavos lo siguieron en su rebeldía. La reacción de ese poder frente a esta rebelión fue atroz y ejemplificadora: los cuerpos crucificados de miles de esclavos permanecieron por orden de las autoridades varios días colgando de sus cruces en todo el recorrido de la vía Apia.

Acontecimientos como el de la rebelión de Espartaco podrían clasificarse en base a la distinción trazada por Nicholas Kompridis (2006) entre una apertura (*disclosure*) al mundo de primer orden y una apertura de segundo orden. Así, el sujeto puede, en ciertas condiciones y dentro de ciertos límites, gracias a una atención dirigida no hacia las cosas (apertura de primer orden), sino hacia su modo de construir las cosas (apertura de segundo orden), tomar conciencia, aunque sea parcial, del trasfondo pre-reflexivo a partir del cual piensa y actúa, descentrarlo e intentar transformarlo. En este proceso el sujeto deja de ser un pasivo seguidor de reglas para convertirse en agente.

La toma de conciencia y el rechazo de las reglas dominantes de la construcción de sentido por parte de un individuo o pequeño grupo de individuos puede, como decíamos, generalizarse e impactar en los distintos colectivos de los cuales participan, entre otros, sus familias, sus círculos de conocidos, sus grupos étnicos, sus comunidades religiosas, sus agrupaciones políticas, etc., hasta llegar eventualmente al mundo histórico en su conjunto, mundo que incluye como submundos a todos estos colectivos y a muchos más.

Esta especie de efecto mariposa social ha sido entre otros ejemplificado en el siglo XX por personajes como Martin Luther King o Mahatma Gandhi que llegaron a convertir la resistencia no violenta que encarnaban en movimientos de masas. También por personajes monstruosos como Hitler.

Los períodos propicios para que estos fenómenos ocurran son precisamente las épocas de crisis, más aún si son precedidas por una época de expansión o florecimiento. Más que la continuidad de la miseria, es la caída desde un estado de bienestar a uno de privaciones lo que provoca las crisis.

CAPÍTULO 4

Apuntes para una historia del yo moderno

El yo desincorporado

Hay momentos históricos de transformación del mundo en que surge, como parte de esa transformación, un nuevo ideal del yo. Este ideal generalmente se encarna en una minoría que, si es suficientemente intensa y si se dan condiciones históricas favorables puede convertirse en dominante. Estas condiciones van desde las económicas, referidas a la producción y distribución de bienes materiales, las políticas, referidas a la estructura del poder, hasta las simbólicas, entre ellas las metáforas del yo y su relación con la comunidad o sociedad. Así, en la modernidad temprana surgió lo que Claude Lefort denominara un "yo desincorporado". La operación mental que hizo Descartes de separación de la mente del sujeto de su cuerpo fue correlativa de la separación del individuo del "cuerpo" político. El debilitamiento del dominio de la metáfora de la sociedad como un cuerpo en que cada individuo tiene asignada una posición y una función fija desde su nacimiento hasta su muerte fue una condición *sine qua non* para que pudiera surgir el individuo moderno. Afirma Lefort (1983):

La revolución democrática, durante mucho tiempo subterránea, estalla cuando se disuelve la corporeidad de lo social, se produce lo que me atrevería a llamar una *desincorporación* de los individuos.

Este proceso de desincorporación no fue un proceso instantáneo sino que llevó siglos. Primero, como dice Lefort, atraviesa una etapa subterránea. Cuando sale a la superficie asociado a un fundamento trascendente también, aunque distinto del medieval: la ética puritana. Esta primera ruptura fue seguida por otras, en especial la del siglo XVIII, que fue la transposición del fundamento trascendente medieval a un fundamento inmanente, en la marcha de Historia y su asociada teoría del Progreso, no linear pero progreso al fin.

¿Cómo es, o como se imagina que es, el individuo "desincorporado"? Se supone que no depende en sus rasgos claves de su inserción en un organismo social. Recordemos que este supuesto moderno de un sujeto desincorporado no sólo es ajeno a la visión medieval del mundo sino también a la antigua. Aristóteles lo dice explícitamente:

> Es evidente pues que la *polis* es por naturaleza anterior al individuo porque el individuo separado no se basta a sí mismo, será semejante a las demás partes en relación con el todo, y el que no puede vivir en comunidad, o no necesita nada para su propia suficiencia, no es miembro de la *polis* sino una bestia o un dios (*Política*, 1280 10).

En otras palabras, un individuo que no es un animal político (*zoon politikon*) o bien está por debajo o bien por encima del hombre, no es un hombre. Aristóteles no reconoce, pues, la posibilidad de un ser humano *pre-político* (ni, por supuesto, post-político).

Filosofía y Crisis Civilizatoria

Ahora bien, el yo desincorporado moderno sufrió a su vez, como hemos anticipado, varias transformaciones hasta llegar a la actualidad. Aparte de la cuestión del fundamento, trascendente o inmanente, desde el siglo XVII fue construido como un yo racional. Esto no implica que las emociones fueran simplemente descartadas sino que eran aceptadas, aún en actividades consideradas superiores como la búsqueda del conocimiento, a condición de estar bajo el control de la razón. Si éste no era el caso, se suponía que perturbaban el ejercicio correcto de la razón y, por lo tanto, el camino hacia la verdad. A su vez, la razón era concebida como universal, independiente del tiempo y lugar histórico. Esta sería la base del movimiento de la Ilustración del siglo XVIII que luchó a favor de la extensión de la razón así entendida a todos los ámbitos de la vida política, social y cultural.

En el siglo XIX, aunque ya había asomado en el siglo anterior, surgió una oposición marcada entre ese yo ilustrado y el yo romántico. Este último tenía como componente nuclear no ya a la razón sino a la intuición, los sentimientos, las emociones y las pasiones. La historia, parcialmente autobiográfica, de Goethe en *Las desventuras del joven Werther*, un héroe romántico que se suicida por amor, fue como el pistoletazo que marcó el punto de partida en Alemania del yo romántico, también popularizado en Inglaterra por una generación de poetas como John Keats, Lord Byron y otros.

Un yo hiper individualista e hiper consumista

Pero en el siglo XX aparece un nuevo tipo de yo: un yo hiper individualista e hiper consumista. Una de las mejores descripciones de este tipo de yo sigue siendo la que hizo Jean Baudrillard en *La sociedad de consumo* (1970). Recorrer sus páginas deja la fuerte impresión de estar en presencia de una nueva religión cuyos templos mayores, sus catedrales, son los shoppings. Debe existir sin duda un poderoso mecanismo que logra mantener la fidelidad de los millones de fieles del nuevo culto. Al principio mismo de su libro, Baudrillard nos advierte que el advenimiento de la sociedad de consumo implica una "mutación fundamental en la ecología de la especie humana" (Baudrillard, 1970: 62). Para aclarar lo que pretende significar con esta extraña afirmación, Baudrillard señala que la sociedad de consumo se monta sobre un sujeto en que la relación entre el consumo y sus necesidades reales se ha alterado profundamente. En lugar de detener el consumo cuando esas necesidades son satisfechas, sigue deseando consumir a fin de satisfacer necesidades imaginarias que surgen incesantemente, creadas por la publicidad y el deseo de emulación de las pautas de consumo de estratos socialmente superiores a los que aspira a pertenecer o al menos parecerse. De ahí el estado perpetuamente insatisfecho del consumidor moderno, su incapacidad para alcanzar la ansiada felicidad total, mil veces prometida y mil veces postergada. Baudrillard concluye que el fenómeno "milagroso" del consumo instaura todo un dispositivo de objetos *simulacro*, signos que remiten a otros signos, y éstos a otros, cadena que finalmente haría posible que la Felicidad descienda sobre el consumidor. Pero este descenso nunca termina de ocurrir. Su prórroga indefinida es principalmente debida a la constante aparición en el mercado de nuevos objetos del deseo, que vuelven obsoletos los objetos anteriores. Comparado con los tipos de yo anteriores, todo esto conduce, sugiere Baudrillard, a una vida vaciada de sentido. Como afirma Luis Enrique Alonso, autor del estudio introductorio a la traducción española de la obra, es difícil encontrarle sentido a "una vida centrada en lo efímero y la falta de toda sustancia o referencia, siguiendo aleatoriamente el dictado simbólico del mercado" (Baudrillard, 1970: 48).

Pero el éxito de la seducción ejercida por la sociedad de consumo no estaría asegurado sin la presencia de mecanismos de vigilancia y penalización de quienes intentan sustraerse a su influencia. Uno de los castigos para quienes, de una forma u otra, no participan de los valores consumistas es su aislamiento social dentro de sus grupos de pertenencia. Es cierto, sin embargo, que los rebeldes logran en ciertas situaciones históricas superar el aislamiento a través de la formación, especialmente entre los jóvenes, de movimientos de protesta en contra del orden constituido alrededor de los valores individualistas y consumistas. Estas rebeliones, sin embargo, se van apagando hasta resurgir en otro momento, se apagan otra vez, y así sucesivamente. El resultado neto es que hasta ahora este ciclo se mantiene sin que haya un cambio real del sistema contra el que van dirigidas. Volviendo a la década de los años 70 del siglo pasado, la sociedad o. mejor dicho, su porción acomodada, de clase media para arriba que describió Baudrillard se sintió reforzada por la derrota de sus cuestionadores radicales de mayo del 68.

No obstante, especialmente a partir de 1973, el año de la llamada "crisis del petróleo", la capacidad de consumo masivo comenzó a deteriorarse. Desde entonces nuevas crisis se fueron desencadenando, entre otras la "crisis de la inmigración". La pregunta es si hay algo que una todas estas crisis, Si la respuesta es afirmativa, nos encontramos en el escenario que denominamos "crisis de mundo". Exploremos ahora este complejo concepto.

Una *crisis de mundo* no afecta sólo, como decíamos en el capítulo 1, una dimensión, como puede ser, por ejemplo, una crisis de gabinete en un régimen parlamentario en que no están en juego las bases del sistema político, sino que pone en jaque los fundamentos mismos de la vida en común. Impacta de lleno en la vida de las personas, ya no les es posible vivir desatendiendo lo que sucede fuera de su círculo más próximo. Las crisis de mundo suelen provocar una generalizada incertidumbre y desorientación acerca del presente y pesimismo acerca del futuro. Por ejemplo, así describe el historiador H. Trevor-Roper (1967 [2009]) la crisis europea del siglo XVII (crisis que antecedió, como es sabido, a la Ilustración del siglo XVIII):

> Al menos desde 1618 ya se hablaba de la disolución de la sociedad o del mundo, y la difusa sensación de pesimismo que percibimos constantemente en esos años a veces hallaba justificación en reinterpretaciones de las Escrituras, y otras veces en nuevos fenómenos celestes (referencia a las interpretaciones de la aparición del cometa Halley en 1618).

En una crisis de mundo se extiende socialmente una sensación de pérdida de legitimidad y autoridad del orden político e institucional establecido. Aunque persistan ritualmente por un tiempo las formas deslegitimadas, éstas adquieren, según sugería Burckhardt en el siglo XIX una fragilidad que hace que puedan desaparecer de un día para otro, incluso sin dejar rastros, como fue el caso del derrumbe del Imperio Austro-Húngaro en 1918 o de la desaparición de los regímenes comunistas del Este de Europa después de la caída del muro de Berlín.

Sin embargo, el poder establecido puede también resistir con eficacia, aún en mundos en crisis, las transformaciones que ponen en riesgo su continuidad. Las estrategias a las que suele recurrir son, entre otras, inducir o reforzar el miedo y el odio a lo distinto, y, muchas veces en relación con este odio, incrementar la persecución de opositores y disidentes. La violencia de los sectores que sienten amenazados sus valores y su modo tradicional de vida crece enormemente y se abate no sólo sobre opositores políticos sino también sobre los que tienen alguna característica diferente a las dominantes como el color de la piel, la religión, la nacionalidad, etc. así como sobre los que pertenecen a los estratos sociales más bajos y vulnerables de la jerarquía social. Se utiliza sistemáticamente la mentira (*fake news*), se inventan falsos delitos para justificar la persecución de individuos "culpables" de propiciar, según el mensaje que baja desde el poder, con sus actos, su prédica, o aún con su mera existencia, el debilitamiento del orden establecido.

No todas las crisis de mundo son iguales. Uno de los rasgos de la crisis de mundo actual es que tiene un fuerte componente de destrucción *anunciada* que se alza amenazadoramente en el horizonte temporal, no para un futuro lejano sino para el mediano o aún el corto plazo. Hubo otras crisis históricas que tenían ese componente de destrucción anunciada, la diferencia es que ahora el anuncio no lo hacen profetas o videntes sino científicos altamente calificados. En cambio, la gran crisis de los años 29/30 del siglo pasado fue un derrumbe inesperado, una catástrofe para la cual el mundo no estaba preparado.

En una crisis de mundo podemos distinguir un lado objetivo, como por ejemplo la caída de la producción y el consumo de bienes respecto del período anterior a la crisis, y un lado subjetivo, como el desánimo y el pesimismo que pueden adueñarse de quienes tienen una aguda conciencia de la pérdida del mundo en que se han formado y desarrollado sus vidas hasta el momento Veamos, por ejemplo, cómo describe el historiador ruso Michail Rostovtzeff la actitud de las elites romanas ilustradas del siglo

III y primera parte del IV ante el absoluto caos imperante y la posibilidad que ofrecía el cristianismo. Fue, afirma, un sentimiento de cansancio el que las indujo a abrazar una concepción del mundo tan opuesta a la suya como lo era la de los cristianos de los primeros siglos de la nueva era. Vale la pena reproducir textualmente un fragmento en que el historiador ruso habla del tema:

> La victoria de la cristiandad señala una ruptura con el pasado y un cambio de actitud del pensamiento humano. Los hombres estaban cansados y no querían seguir buscando. Se volcaron con avidez hacia un credo que prometía calmar la mente atormentada que podía dar certeza en lugar de duda, una solución final para una multitud de problemas, teología en vez de ciencia y lógica. Incapaces de dirigir su propia vida interior y, además sin voluntad de hacerlo, estaban dispuestos a entregar el control a un ser superior, incomparable con ellos. La razón no daba ni prometía felicidad al hombre, pero la religión, en especial la cristiana, aseguraba al hombre la felicidad más allá de la tumba. Así, el centro de gravedad se desplazó y las esperanzas y deseos de los hombres se transfirieron a esa vida futura. Estaban satisfechos con someterse y sufrir en este mundo, para encontrar la verdadera vida en el más allá. Tal actitud mental era enteramente extraña para el mundo antiguo, incluso para las primeras naciones de Oriente, para no hablar de Grecia y Roma, lo que prueba que el comienzo del siglo IV es una página absolutamente nueva en la historia de la humanidad, (Rostovtzeff, 1960: 98)

Aunque en el proceso de conversión de la antigua Roma al cristianismo intervino un complejo conjunto de factores, el cansancio o desaliento subrayado por Rostovtzeff, asociado a un pesimismo respecto de poder encontrar una salida manteniendo la visión del mundo heredada, debe haber jugado sin duda un importante papel.

Otro ejemplo notable en el mismo sentido es el de la Europa de fines del siglo XIX y principios del siglo XX. En esa Europa, más precisamente en su parte noroccidental, así como la zona de influencia alemana conocida como *Mitteleuropa*, había un crecimiento acelerado nunca antes visto, desde la producción y el consumo de bienes materiales hasta el de bienes culturales provenientes del progreso de las ciencias y la tecnología y de la innovación en las artes y las humanidades. Esto no sólo abarcó, como en etapas anteriores, a una elite relativamente pequeña sino que transformó la vida de grandes sectores de la población. Como dice el historiador Norman Stone (2019):

> las maravillas tecnológicas se sucedían y la generación de mediados del siglo XIX a la que pertenecía la mayoría de los generales que lucharon en la primera guerra mundial vivió el mayor "salto cuántico" de la historia: dieron sus primeros pasos entre caballos y carromatos y acabaron, allá por 1900, rodeados de teléfonos, aviones y automóviles.

No es de extrañar entonces que reinara en esa región la creencia en un progreso indefinido no sólo de la ciencia y la tecnología sino también, y en buena medida gracias a ellas, del bienestar general y las formas civilizadas de vida. Pero esta ilusión de un progreso indefinido tuvo un derrumbe abrupto con la guerra de 1914-1918, la Primera Guerra Mundial, hundida en las trincheras en que murieron veinte millones de hombres. A partir de la chispa encendida por el atentado de Sarajevo, nada pudo evitar una guerra no querida por nadie.

Repasemos ahora sumariamente, para finalizar este capítulo, algunas dimensiones interrelacionadas de la crisis de mundo actual.

En la dimensión económico-social se ha producido, por un lado, un deterioro del estado de bienestar que caracterizó las dos décadas posteriores a la Segunda Guerra Mundial. Ha habido un aumento creciente del desempleo y la precarización laboral que afecta cada vez más a distintos sectores de la población, incluso a sectores altamente especializados que son no obstante crecientemente reemplazados por robots y programas de inteligencia artificial. El veloz avance tecnológico en áreas como la robotización y la informatización impacta no sólo en los procesos productivos sino también en el área de los servicios, área a la que pertenece actualmente la mayor parte de la mano de obra. Aún quienes conservan sus puestos de trabajo sienten la amenaza de perderlo en cualquier momento y no poder conseguir otro. Por otro lado, y como consecuencia del dominio del mercado por pocas y gigantescas corporaciones que no dejan espacio a competidores más pequeños, se ha ido produciendo una concentración sin precedentes de la riqueza en manos de una elite cada vez más reducida y el consiguiente aumento explosivo de la desigualad.

En la dimensión política se observa en diversos lugares un crecimiento del autoritarismo y un avance de partidos de ultra derecha que, en nombre de una supuesta defensa de los trabajadores locales y, más allá de ello, de formas de vida y valores tradicionales, fomentan, como ya hemos mencionado, el odio y el desprecio en contra de los inmigrantes y otros grupos situados en los niveles más bajos de la jerarquía social. Específicamente en relación con la inmigración, se ha producido en los últimos años, atemperado transitoriamente en 2020 por la peste de la Covid-19, un fenómeno de traslado masivo de poblaciones que huyen de las guerras y la miseria que se abate sobre ellas en las regiones donde viven.. Las olas migratorias no son por cierto un fenómeno nuevo sino que signaron toda la historia humana. Sin embargo, a diferencia por ejemplo de las migraciones de principios del siglo XX, en los últimos años ha habido un desplazamiento masivo *no* deseado por los países centrales (aunque hayan sido en buena medida responsables del caos producido en regiones como el Medio Oriente, África, Asia Central y Centroamérica). Ese desplazamiento convirtió al Mediterráneo en una fosa común donde yace una parte de los contingentes trasladados precariamente por los traficantes de mercancía humana. Y lo mismo en la zona fronteriza entre México y Estados Unidos. El fenómeno migratorio ha sido como es sabido eficazmente utilizado por partidos europeos neofascistas y por la derecha republicana de Estados Unidos para avanzar en la negación de los derechos humanos de esos sectores.

En la dimensión *ambiental*, la crisis ha llegado ya a un punto sobre cuya gravedad advierten insistentemente los estudios e informes científicos. El cambio climático producido por la acción humana y sus fenómenos asociados como la desertificación, los grandes incendios de bosques, las inundaciones, la elevación del nivel de las aguas de los océanos que amenaza con hundir a las ciudades costeras y otros procesos como la desaparición de la biodiversidad avanzan aceleradamente. Sin embargo, los más poderosos decisores políticos o bien no se dan por enterados del "fin" de la naturaleza, usando la expresión de Slavof Zizek, o bien desacreditan los estudios que predicen los efectos catastróficos de sus políticas.

Vayamos ahora a la construcción de un pensar filosófico que pueda contribuir a la superación de la crisis arriba descripta.

CAPÍTULO 5

Construyendo un nuevo pensar

La *tensión del filosofar* al nivel del sujeto que filosofa

Como mencionamos en el capítulo 1, la filosofía, o más precisamente, la filosofía que consideramos "clásica", ha procurado, como lo muestran sus mayores representantes desde Platón en adelante, conectar entre sí diversos saberes. Este intento de conexión genera una tensión peculiar que no debe confundirse con una tensión en el sentido psicológico del término. Nos detendremos ahora a analizar esta tensión a nivel del sujeto que filosofa y, en el apartado siguiente, lo haremos al nivel de las comunidades filosóficas

La filosofía es un territorio atravesado por múltiples tensiones a distinto nivel: la tensión interior del sujeto que filosofa, las tensiones dialógicas y no dialógicas en el seno de las comunidades filosóficas, las tensiones derivadas de la inserción de la filosofía en su contexto histórico. Todas estas tensiones no son independientes entre sí. En primer lugar, el diálogo con otros está presente y proyecta sus tensiones en el diálogo con uno mismo. En un pasaje de su duro diálogo con el sofista Hippias (*Hippias Mayor* 304c-e) Sócrates le dice que, luego de ser convencido por gente como él de la excelencia de ofrecer bonitos discursos para tener éxito en un tribunal o en las asambleas políticas en lugar de ocuparse, como él lo hacía habitualmente, de "cosas inútiles, mínimas y dignas de nada", al regresar a su casa encontraba un hombrecito iracundo que continuamente lo refutaba y le preguntaba si no le daba vergüenza actuar de ese modo. Ese hombre era, afirma, "un pariente muy cercano mío, que vive en mi misma casa". Sócrates se anticipaba así a su tiempo al introducir el concepto de conciencia moral.

El diálogo con uno mismo no sólo exhibe, como decíamos. la huella del diálogo con otros sino también de otras regiones del contexto socio histórico del sujeto que filosofa. El filósofo participa, como cualquier miembro de la sociedad, de una pluralidad de mundos. En un fragmento atribuido al filósofo estoico Hierocles se utiliza este hecho para argumentar en favor del cosmopolitismo. Hierocles representa a los individuos y su contexto mediante la metáfora de los círculos concéntricos. El primer círculo es el de la mente individual, luego el de la familia, la ciudad, la comunidad de ciudades vecinas, la nación y, finalmente, la humanidad entera. La tarea de un cosmopolita es, según Hierocles, llevar los círculos más externos hacia el centro de modo que la humanidad se instale en el núcleo de nuestra mente y de nuestra preocupación.

También se ha apelado para presentar la misma idea a la metáfora de las cajas chinas. Según esta metáfora, la caja más pequeña sería el individuo y la caja más grande su mundo histórico. Las cajas intermedias serían, a su vez, mundos devenidos submundos del mundo histórico que los incluye. Sin embargo, estas metáforas tienen, como toda metáfora, sus límites. A diferencia de las cajas chinas, los submundos no son separables, no tienen existencia propia. La relación entre el sujeto y su mundo, o mundos a los que pertenece, no es simplemente de inclusión. Es una relación *constitutiva*, el sujeto no existiría sin su mundo.

Haciendo por el momento abstracción de la relación sujeto-mundo, nos concentraremos como decíamos en este capítulo en el sujeto que filosofa. ¿Cómo han descripto los filósofos la naturaleza de su actividad? Tomemos tres ejemplos bien distintos entre sí. Platón, en el *Banquete*, describe el filosofar como una actividad *erótica*, plena de energía, dirigida como meta final a la captación de la Idea suprema, del Bien, la Verdad y la Belleza. Es una actividad sin fin ya que nunca el filósofo logra capturar del todo y para siempre esa Idea suprema. Notemos que el erotismo que Platón asocia al filosofar no es, como en la tradición judeo-cristiana, opuesto o de otra especie que el sexual sino que es su forma más elevada.

Para Hegel, en cambio, el filosofar es una actividad crepuscular, el aleteo del búho que sólo levanta vuelo al atardecer, cuando ya la vida en todo su esplendor y el erotismo juvenil han sido dejados atrás. Dice Hegel (1837 [1974]):

> Cuando la filosofía pinta el claroscuro, ya un aspecto de la vida ha envejecido y en la penumbra no se le puede rejuvenecer sino sólo reconocer: el búho de Minerva inicia su vuelo al caer el crepúsculo.

Finalmente, para Wittgenstein el filosofar, por lo menos el filosofar legítimo, es una actividad terapéutica destinada a eliminar las confusiones, mostrar a la mosca la salida de la botella y curar así las perturbaciones creadas por el otro filosofar, el que pretende vanamente traspasar los límites del lenguaje y producir explicaciones donde no hay nada que explicar.

Estas visiones tan distintas de la naturaleza de la actividad filosófica sólo son unos pocos ejemplos de las muchas que han sido propuestas. Mi propósito aquí es sólo destacar un rasgo que introduje en el capítulo inicial y que considero imprescindible tomar en cuenta: el concepto de tensión filosófica ¿En qué consiste esa tensión? No me refiero a una tensión psicológica. Si bien la tensión psicológica puede acompañar la *tensión filosófica*, no es necesariamente así. David Hume, por ejemplo, quien iluminara la tensión en nuestro conocimiento del mundo entre lo que proviene de la razón y lo que proviene de nuestra naturaleza animal, no fue un filósofo atormentado sino una personalidad serena y apacible, aun ante la proximidad de la muerte.

Una fuente de la tensión del filosofar es el deseo de armonizar entre sí tres necesidades u "orientaciones" (tomando el término de Richard Rorty) del pensamiento filosófico. En primer lugar, la orientación hacia el conocimiento, hacia la búsqueda de la verdad. Ya desde los inicios de la filosofía una tradición dominante dentro de esta orientación planteó como requisito para la adquisición de conocimiento el distanciamiento teórico de su objeto, es decir, el desarrollo y uso de la capacidad de *desubjetivación*, "No me escuchen a mí, escuchen al Logos" decía Heráclito. Después de producirse el desgajamiento sucesivo de las ciencias de la filosofía, la reflexión filosófica en torno de esta orientación se desplazó en distintas direcciones: para Kant, del conocimiento del mundo hacia las condiciones que hacen posible este conocimiento, para el positivismo lógico, hacia el análisis del lenguaje de las ciencias, etcétera.

En el fondo del filosofar como actividad en busca de un conocimiento universal late una segunda orientación anclada en el interés *ético* del sujeto que filosofa. La pregunta que se plantea es, en términos socráticos, ¿cómo debo vivir? Aunque haga uso de los resultados de la búsqueda de conocimiento, ésta es una orientación dirigida, a partir de la formulación socrática, al *cuidado de sí*, entendido como el cuidado de la propia alma (*epimeleia heautou*).

La tercera y última orientación del filosofar que consideramos es la estética. Esta orientación se puede reflejar de dos modos distintos. En primer lugar, la cualidad estética que puede esperarse que tenga un texto filosófico, a diferencia de un *paper* científico o de un texto jurídico. Recordemos, por ejemplo, la tensión que trasmite el Descartes de las *Meditaciones*, quien, en su búsqueda de una certeza resistente a toda duda, se hunde en el abismo de la duda hiperbólica, asaltado por la sospecha de que un genio maligno lo está engañando haciéndole creer falsamente que sus sentidos le dan acceso al mundo real. No es casual que este texto no sólo forme parte de los cursos de historia de la filosofía sino también de historia de las letras francesas.

En segundo lugar, la orientación estética del filosofar tiene que ver con una *reflexión* sobre la belleza y el arte. Esta reflexión es por cierto muy antigua pero sólo en el siglo XVIII adquirió, por obra de Baumgarten, un estatuto propio como rama de la filosofía. Baumgarten se preguntó, por ejemplo, por qué la belleza se nos presenta con una nitidez tal que la distingue del resto del conocimiento sensible al cual, sin embargo, pertenece. Por su parte, Kant, negó esa pertenencia pues en la *Crítica del Juicio* (1790), la tercera y última de las *Críticas*, afirmó que el placer que produce la percepción de la belleza se origina en una facultad, el juicio, distinta tanto de la facultad de conocer como la de desear. El juicio tiene para Kant la notable capacidad de hacer de puente entre lo que antes estaba separado, el mundo de la naturaleza, objeto del conocimiento fenoménico, y el mundo de la libertad, el mundo del *noúmeno*. El placer asociado a la percepción de la belleza es, pues, para Kant, producto de la armonía entre las facultades que logra establecer el juicio.

Las comunidades filosóficas han tendido, especialmente a partir del siglo pasado, a disociar entre sí las diferentes orientaciones del filosofar. Esta disociación se perpetúa, entre otras razones, porque es más fácil y seguro para un miembro de una comunidad filosófica adscribir a la orientación dominante en su comunidad, dejando las otras de lado, que transitar la vía de su integración. Si bien el intento de no renunciar a ninguna de las tres orientaciones -la epistémica, la ética y política y la estética- no es irrealizable, genera una tensión que es característica del filosofar de los grandes filósofos clásicos. Como decía en el capítulo uno, podría compararse esta tensión con la de un malabarista que lanza varios objetos al aire y procura que ninguna caiga al suelo. La historia de la filosofía provee, desde Platón en adelante, ejemplos notables de malabaristas que han mantenido viva la tensión del filosofar.

No todos los filósofos que han reflexionado sobre las distintas orientaciones del filosofar han atendido a la cuestión de su interrelación. Un caso interesante en este sentido es el de Richard Rorty, un filósofo heterodoxo dentro de su comunidad filosófica pero que este punto ha seguido la tendencia dominante. Rorty divide a los filósofos en tres orientaciones distintas que denomina, respectivamente, cientificista, poética y pragmática o política. La filosofía de orientación cientificista, nos dice, concibe a la empresa filosófica como la búsqueda de un conocimiento de carácter fundacional con respecto del resto del conocimiento y aún de la cultura. Según nuestro autor, esta orientación, a pesar del carácter ilusorio de la meta que persigue, ha sido la orientación dominante a lo largo de la historia de la filosofía. Aparte de los ejemplos clásicos de esa orientación que menciona, entre los cuales distingue especialmente el platonismo por haber sido, según reitera, la más funesta de todas, en el siglo XX incluye en el mismo saco a la fenomenología de Husserl, el positivismo lógico y la epistemología analítica.

En contraste con su visión negativa de esta orientación, Rorty describe en términos encomiásticos las otras dos orientaciones que distingue. En relación con la orientación poética, toma como ejemplo paradigmático la filosofía de Heidegger, y, en cuanto a la pragmática, al pragmatismo norteamericano clásico, en particular el de John Dewey. Según la visión heideggeriana (con palabras del mismo Heidegger), el filosofar implica un diálogo, una conversación, con los grandes filósofos del pasado. La tradición filosófica, colocada así en la base del filosofar, es imaginada por Heidegger como constituida por una serie de "enfrentamientos" llevados a cabo por los grandes filósofos, que denomina los *Pensadores*, a partir de la pregunta acerca del "ser del ente". El resultado de esos enfrentamientos no es cognoscitivo, no es, dice Heidegger, "un enunciado, una respuesta" sino una experiencia subjetiva, del orden de lo poético, la experiencia de "correspondencia con el ser del ente".

En la orientación pragmática o política, con la cual Rorty se identifica, el foco del filosofar está puesto no sobre la teoría, como en la orientación cientificista, ni sobre la experiencia subjetiva del filósofo, como en la poética, sino sobre el uso, la aplicación de la filosofía para mejorar la vida humana. Las teorías no son concebidas dentro de esta orientación de un modo realista, como un "espejo de la naturaleza", sino como herramientas que se usan o se dejan de usar de acuerdo con las necesidades de los distintos contextos históricos y culturales.

Un primer reparo que a mi juicio puede hacerse a la posición de Rorty en lo que respecta a la orientación cientificista es que no provee razones convincentes para erradicar de la filosofía todo propósito epistémico. En primer lugar, el rechazo del fundacionalismo, es decir, de la pretensión de proveer mediante la filosofía fundamentos a todo el *corpus* del conocimiento, no debería confundirse con un rechazo de todo propósito cognoscitivo *tout court*. Por otra parte, el hecho de negar la posibilidad de adquirir mediante la filosofía un conocimiento directo acerca del mundo tampoco excluye la posibilidad de que ésta contribuya de manera indirecta a la empresa científica. Sería difícil negar, por ejemplo, la contribución de la filosofía matemática y mecánica de la naturaleza del siglo XVII al surgimiento de la nueva física. En suma, el rechazo del intento de considerar a la filosofía como una empresa del mismo orden que la ciencia no implica negar todo vínculo entre la filosofía y la ciencia.

Como sugeríamos antes, un segundo y fundamental reparo a la doctrina rortyana de las orientaciones del filosofar es que simplemente ignora el problema de las relaciones entre ellas. Veamos, por ejemplo, la relación entre la orientación epistémica y la poética. Platón, en *Teeteto* 155d3 atribuye al asombro (*thaumazein*) el origen de la filosofía. Aristóteles (*Metaphysica* 2.982b12-13) dice algo similar. Platón no explica en qué sentido usa el término *thauma*. No obstante, si consideramos, en el caso del *Teeteto* platónico, el contexto en que el término es introducido, podemos concluir que se trata de un estado de perplejidad provocado por la impotencia de la razón para encontrar una respuesta que no pueda ser refutada a un cierto problema (en ese diálogo se trata de averiguar qué significa "conocimiento").

Algunos pensadores modernos han caracterizado el asombro filosófico de una manera muy diferente. Así, por ejemplo, Bertrand Russell dice que la filosofía "mantiene vivo nuestro sentido del asombro al mostrarnos aspectos no familiares de cosas familiares". El asombro es considerado en todos los casos un sentimiento, un estado afectivo asociado al filosofar. Debe haber por cierto muchos profesores y autores de textos filosóficos que probablemente nunca lo han experimentado. Por tanto, se podría concluir que no son filósofos porque en realidad no filosofan. Pero el asombro no necesariamente acompaña siempre al filosofar. Suele suceder que en la medida en que la construcción de una filosofía avanza y se concentra cada vez más en detalles pequeños, el asombro inicial tienda a disiparse. Si uno lee por ejemplo el *Parménides*, escrito por un artista del diálogo filosófico como Platón, no encuentra por ninguna parte el elemento poético de otros grandes diálogos. Sin embargo, si el asombro no es en algún punto recuperado, la pregunta original que desencadenó el proceso reflexivo puede quedar sepultada debajo del edificio escolástico erigido para darle respuesta. En tales condiciones, la práctica de los supuestos filósofos, volcada a poner o quitar algún detalle al edificio, termina por vaciarse de sentido. Así, pues, una dialéctica entre la orientación cognoscitiva y la poética (por ser el estado de asombro filosófico en cierto modo similar al de los poetas), es condición necesaria para mantener con vida y tensa la cuerda del filosofar.

Pasando a la orientación que Rorty denomina pragmática o política, habría que comenzar por señalar algo obvio. Para que una filosofía dada juegue algún papel en el lugar y tiempo histórico al cual pertenece se requiere que sus cultores tengan la voluntad de jugarlo. Esa voluntad es manifiesta en las grandes filosofías clásicas. Sus creadores tuvieron claramente una honda preocupación por los problemas y dilemas de su tiempo. Y la tuvieron no simplemente como ciudadanos, fuera de su *métier*, sino *qua* filósofos. Es así como esas filosofías contienen, explícita o implícitamente, un *diagnóstico* y un *programa* para enfrentar los desafíos de su tiempo y lugar histórico, lo cual no les quita universalidad sino que, por el contrario, la vuelve posible. Como dice Hegel en el prólogo de su *Filosofía del Derecho*, "En cuanto al individuo, cada uno es hijo de su tiempo y la filosofía es el tiempo mismo aprehendido en concepto".

En diversas vertientes de la filosofía contemporánea es evidente la ausencia de una preocupación de esa naturaleza. Hilary Putnam ha comentado este estado de cosas haciendo referencia a la filosofía analítica pero sus observaciones podrían aplicarse a algunas otras escuelas filosóficas también:

> Como lo puntualizara Dewey, la metafísica de épocas pasadas tenía una conexión vital con la cultura de esas épocas, razón por la cual pudo cambiar las vidas de hombres y mujeres, y no siempre para peor. Los metafísicos analíticos contemporáneos no tienen conexión sino con las "intuiciones" de un puñado de filósofos. Carecen de lo que Wittgenstein llamaba "peso". (Putnam, 1992: 197)

En suma, sin dejar de reconocer que en las filosofías generalmente predomina alguna de las orientaciones, y no hay nada que objetar a eso, la tensión o inestabilidad que provoca una apertura hacia las otras orientaciones es el precio que tienen que pagar para ser significativas para la vida humana.

La presencia de la tensión filosófica se nos impone aún más claramente cuando, una vez aceptado que la búsqueda de conocimiento es un propósito constitutivo del filosofar, nos preguntamos qué clase de conocimiento es ese. ¿Es un conocimiento que aspira a ser riguroso y sistemático como el conocimiento científico, producido por y dirigido a especialistas, o es un conocimiento que aspira a ser accesible y significativo para el hombre común?

La respuesta kantiana a esta pregunta es, como se mencionó antes, que la filosofía no puede renunciar a ninguna de las dos motivaciones. Este "doble concepto" de la filosofía influyó sobre varios filósofos del siglo XX, entre ellos Wilfrid Sellars. El eco de Kant está presente cuando Sellars alude a la tensión que subyace a la filosofía entre dos modos de construcción de una imagen del mundo: el proveniente de la vida cotidiana y el que se origina en la ciencia, los cuales dan a su vez lugar, respectivamente, a las que denomina "imagen manifiesta" e "imagen científica" del mundo. Si la filosofía excluyera esta última, renunciaría según Sellars a tomar en cuenta cómo es realmente el mundo. Pero si sustituyera la imagen manifiesta por la imagen científica, renunciaría a usar las categorías referidas al hombre en tanto *persona* y, por tanto, sería incapaz de captar la singularidad de la vida humana y social. Dice en este sentido Sellars que, luego de alcanzada una imagen científica del mundo y del hombre

> aún restaría la tarea de mostrar que las categorías relativas al hombre, en cuanto *persona*, que se encuentra frente a normas –éticas, lógicas, etcétera– que entran con frecuencia en conflicto con sus deseos e impulsos, pueden reconciliarse con la idea de que el hombre es lo que la ciencia dice que es. (Sellars, 1971: 47)

En tanto la imagen científica apunta a un mundo objetivo, tal como supuestamente es en sí mismo, la imagen manifiesta refiere al mundo tal como es *para nosotros*. Se trata, pues, de dos imágenes que no pueden sustituirse mutuamente sin pérdida. Lo que la filosofía debería proponerse, según Sellars, es articularlas, integrarlas entre sí a fin de obtener una imagen que denomina "estereoscópica" del mundo.

Nicholas Rescher, por su parte, dio una versión dramática de la tensión del filosofar:

> El filósofo está atrapado sin escapatoria: no puede vivir con nuestras concepciones extra filosóficas, pero tampoco puede

vivir sin ellas porque sus problemas son exactamente aquellos a los cuales ellas dan lugar. (Rescher, 1995)

La filosofía es, en sus mejores expresiones, y de acuerdo con lo expuesto hasta aquí, una actividad caracterizada por una "tensión esencial" (para usar el término introducido por Thomas Kuhn). No todos los filósofos estarían de acuerdo con esta afirmación. Por ejemplo, suele sostenerse que el Wittgenstein de las *Investigaciones Filosóficas* es uno de ellos. En efecto, la terapia wittgensteiniana consiste justamente en eliminar las tensiones perturbadoras creadas por los problemas filosóficos eliminando tales problemas con lo cual se alcanzaría la paz que produce su disolución. Posturas como ésta (que, con variantes, se remontan hasta el escepticismo pirrónico antiguo), confunden la tensión filosófica, provocada como hemos señalado antes, por la atracción simultánea del pensamiento hacia polos opuestos, con tensiones causantes de sufrimiento psíquico. Pero no necesariamente es así, la tensión filosófica puede asociarse o no con la tensión psicológica. Como ya hemos mencionado, David Hume iluminó, sin perder la serenidad, la tensión en nuestro conocimiento del mundo entre lo que proviene de la razón y lo que proviene de nuestra naturaleza animal. Kant, quien con su doble concepto de la filosofía se refirió a la tensión producida por problemas que sabemos que son insolubles pero que no podemos dejar de plantearnos, no fue tampoco por lo que sabemos, un filósofo atormentado.

Recordemos finalmente que la filosofía, a diferencia de las disciplinas "normales", no está permanentemente instalada en un lugar propio sino que suele aventurarse por territorios que pertenecen a otros: la ciencia, el arte, la política, etc. Esta forma de vida es rica y variada pero también precaria. Como el eros platónico, hijo de Poros y Penia, la abundancia y la pobreza, la filosofía carga con la tensión entre opuestos desde su mismo nacimiento en la antigua Grecia.

Las comunidades filosóficas: tensiones dialógicas y no dialógicas

Las controversias, y las tensiones que ellas generan, son un elemento constitutivo de la vida de las comunidades filosóficas, desde su inicio en la antigua Grecia hasta hoy. ¿Qué es una controversia? Una primera aproximación a una definición sería que es un diálogo que gira en torno de un desacuerdo entre dos o más partes sobre cuál es la respuesta correcta a una pregunta o un problema. Pero no basta que haya un desacuerdo para que pueda darse una controversia. Una condición necesaria es que, además del desacuerdo, haya un acuerdo, explícito o tácito, sobre ciertos presupuestos compartidos. De lo contrario, puede haber conflicto (una controversia es obviamente un tipo de conflicto), pero no controversial. El conflicto no controversial puede ser pacífico o violento pero no es una controversia porque las partes no están comprometidas a respetar estándares o reglas comunes. Estas reglas pueden ser metodológicas, por ejemplo qué tipos de evidencias o pruebas son aceptables y cuáles no lo son, o sustantivas, por ejemplo la regularidad de los fenómenos naturales o, como suponían los primeros filósofos, que todo el universo es *physis*, excluyendo así la intervención en los fenómenos de la naturaleza de agentes sobrenaturales. Distintos fragmentos de filósofos presocráticos expresan esta creencia. Heráclito, por ejemplo, afirma que el fuego que arde en mi cocina es el mismo que arde en el sol, Anaxágoras asegura que el sol es una piedra encendida. La discrepancia entre los primeros filósofos no era acerca del naturalismo sino acerca de cuál es el principio natural (*arché*) a partir del cual el cosmos evolucionó hasta su estado actual.

Decíamos que una controversia es una forma de diálogo. En una de sus modalidades –la conversación– el diálogo es un intercambio espontáneo, libre, carente de un objetivo específico compartido más allá del de continuar la conversación o darle fin. Existen, al lado de esta forma de diálogo, distintas maneras de estructurarlo para ponerlo al servicio de un propósito específico.

Tenemos así, por ejemplo, el diálogo entre un fiscal o un abogado defensor y un acusado o un testigo en un juicio, el diálogo entre los actores y actrices que desempeñan los distintos papeles de una pieza teatral, el diálogo entre maestro y alumno; etc. Estos distintos tipos de diálogo –diálogo forense, diálogo dramático, diálogo pedagógico y tantos otros- conservan la forma dialógica pero al mismo tiempo eliminan en menor o mayor medida la espontaneidad y el carácter abierto de la conversación. Exactamente lo mismo ocurre con el diálogo filosófico. Al igual que el diálogo forense, el diálogo filosófico se da en el contexto de una investigación o indagación dirigida a la búsqueda de la verdad (pero, a diferencia de aquel, no se reduce a la verdad en un caso concreto sino que busca un conocimiento general). Y, al igual que el diálogo dramático, el diálogo filosófico suele estar cargado de tensión. La intensidad de esta tensión depende de diversos factores, entre ellos el estilo más o menos agresivo o confrontativo de los participantes. Aunque puede haber momentos de cooperación, lo que predomina en el diálogo filosófico es su carácter adversarial. Se trata de decidir, a través de la confrontación de argumentos, entre respuestas diferentes en relación con un problema dado, decidir, según Platón, el creador del diálogo filosófico como género literario, entre un *logos* y otro

Filosofía y Crisis Civilizatoria

logos contrapuesto. Así, cuando Glaucón le cuenta a Sócrates en el diálogo *República* que Trasímaco había dicho que "la vida del hombre injusto es mejor que la del justo" (347e). Sócrates le propone convencerlo de que la verdad es la opuesta, para lo cual, afirma, le opondrán en el curso del debate "*logos* contra *logos*, enumerando las ventajas que tiene el ser justo, y él a su vez nos replica y nosotros le replicamos..." (*Rep.* 348b).

A partir de la modernidad se generalizaron las voces críticas del diálogo en el contexto de controversias como recurso para enfrentar los problemas filosóficos. Una característica que resultaba particularmente irritante a los pensadores modernos era que las controversias filosóficas se eternizaban sin llegar nunca a ningún consenso acerca de alguna solución al problema planteado. Si en algunos casos las controversias finalizaban no era porque el problema filosófico en torno del cual giraban se hubiera resuelto. Podía ser, algunas veces, porque el problema había salido del ámbito de la filosofía para transformarse en un problema científico, otras veces era simplemente por una pérdida de interés en el problema y su sustitución por otros problemas y controversias. A la vista de este resultado del recurso al diálogo controversial con fines cognoscitivos, los filósofos modernos se manifestaron fuertemente críticos de dicho recurso. No sólo consideraban a las controversias como inútiles para obtener conocimiento sino también como un obstáculo para su adqui- sición. A la práctica del método de la controversia que, según Platón, suministraba una vía regia para ascender desde un conocimiento hipotético como el de las matemáticas hasta un conocimiento no hipotético o incondicionado –vía que deno- minó "dialéctica" (*Rep.* VI 511b)– le oponían, desde un enfoque que podemos denominar, para subrayar el contraste, *monoléc- tico*, la práctica del investigador solitario provisto de el método.

Según Descartes la dialéctica no tiene ningún papel que jugar cuando lo que uno desea es "investigar la verdad de las cosas". Lo único que cuenta es aplicar el método correcto que, según él, consiste en una extrapolación y adaptación del método de las matemáticas a otras áreas. El célebre *dictum* de Leibniz –en lugar de discutir calculemos– apunta en similar dirección Kant, coronando esta tradición moderna que bien podría denominarse "metodologista", calificó al estado de perpetua controversia en que se encontraba la metafísica de "escándalo de la filosofía y de la razón humana universal" (KRV, B XXXIX). Su propio método, no proveniente de las matemáticas como el cartesiano sino propio de la filosofía transcendental por él introducida, pondría en cambio a la metafísica, según afirma, en el "seguro camino de la ciencia".

La visión negativa acerca del valor cognoscitivo de las controversias comenzó a ser cuestionada en el siglo XIX, y aún más intensamente desde mediados del siglo pasado. Uno de los factores que influyó en ello fue el florecimiento y la extensión de la retórica a dominios no tradicionales como la ciencia y la aparición de nuevos modos de construir la historia intelectual que alcanzaron su *climax* en la década de los sesenta del siglo pasado. Sin embargo, la visión depreciadora del valor de las controversias como instrumento de avance epistémico y el dogma del método han seguido teniendo gran influencia, en especial en la filosofía de la ciencia, a pesar de las embestidas de franco tiradores como Paul Feyerabend.

Autonomía, diálogo, controversias

Además de su carácter tenso, un segundo rasgo del pensamiento que estamos esbozando es, como adelantamos en el primer capítulo, su carácter *autónomo*. Kant, quien puso a la autonomía en el centro de sus tratados sobre ética, apuntó también en esa dirección en 1784 en el opúsculo *¿Qué es la Ilustración?* en que formuló lo que denominó *lema* o *divisa de la Ilustración*: *¡sapere aude!* (atrévete a saber, y, por ende, a pensar por cuenta propia). En otro opúsculo, ya antes mencionado, publicado dos años más tarde (*¿Qué significa orientarse en el pensamiento?*), Kant explica qué es para él pensar por cuenta propia:

> Pensar por cuenta propia significa buscar dentro de uno mismo (o sea, en la propia razón) el criterio supremo de la verdad; y la máxima de pensar siempre por sí mismo es lo que mejor define a la Ilustración.

La divisa de la ilustración es, pues, una exhortación a pensar críticamente, a no aceptar como verdaderas creencias que no hayan pasado por el tamiz del propio entendimiento. Los individuos que no cumplen con esta exigencia y aceptan sin examinarlos los dictados de otros en las más diversas materias (la religión, la política, etc.) son para Kant como menores de edad que prefieren, ya sea por comodidad o por cobardía, permanecer bajo la tutela de otros.

El carácter exhortativo de la divisa kantiana nos habla de su voluntad de promover la autonomía del pensamiento en sus lectores *doctos*.

La autonomía no tiene por qué excluir el diálogo con otros, y la consideración de sus puntos de vista, como una interpretación apresurada del lema de la Ilustración puede hacernos concluir. Si el objetivo es epistémico, de búsqueda de la verdad, no se trata de cualquier forma de diálogo sino de uno que es *controversial* o *dialéctico*. La experiencia de la filosofía en lo que Leibniz denominó el "arte de las controversias" la pone a mi juicio en condiciones de hacer un aporte sustantivo en este sentido y, simultáneamente, a la lucha contra el dogmatismo y la demonización y persecución del que piensa distinto.

A fin de alcanzar ese objetivo, las controversias deben ser *genuinas*. ¿Qué es una controversia genuina? Es, ciertamente, una forma de conflicto pero un conflicto en que las partes se comprometen, explícita o tácitamente, a respetar a la otra parte y a atenerse a ciertas reglas comunes, por empezar la regla que podemos denominar de la honestidad argumental. Es decir, si en relación con algún tema en discusión se vuelve claro que el adversario tiene razón *en virtud de* los argumentos y pruebas presentadas, la regla prescribe que hay que reconocerlo y no apelar a recursos ilegítimos para evitar hacerlo. Si esta condición de honestidad no se satisface, se deja lugar al no diálogo y, en el extremo, a la violencia. Sin embargo, es cierto que hay, incluso en el caso paradigmático del diálogo socrático y como mostraremos cuando tratemos el tema con más detalle más adelante ejemplos de *simulacros* de diálogo en que aún el mismo Sócrates procura ganarse el favor de la audiencia con maniobras retóricas sin un sustento lógico y evitar así reconocer que su contrincante tiene razón.

En un plano ideal, sólo las controversias genuinas merecen tal nombre. Esto se aplica a cualquier otra área donde haya puntos de vista opuestos. Así, en el ámbito político sólo en la medida en que predominen las controversias genuinas y no los intentos de falseo u ocultamiento de la verdad, las promesas engañosas y otros recursos muy utilizados por el estilo, podemos reconocer que estamos frente a una auténtica democracia. La distancia entre la realidad y este ideal es uno de los mejores indicadores de la calidad de una democracia.

CAPÍTULO 6

La atopía socrática: una filosofía desde un no-lugar

Introducción

Me concentraré en este capítulo en una filosofía que suministra de modo arquetípico uno de los rasgos esenciales que caracterizan el modo de pensar que estamos delineando: la atopía.

Una pregunta que ya se plantearon los antiguos griegos y que continúa planteándose hasta hoy es qué lugar (*tópos*) ocupan o deberían ocupar la filosofía y los filósofos en el orden social, cultural, simbólico de la ciudad o comunidad. Lo que sigue es un intento de indagar en el sentido de esta pregunta y de responderla en el caso de la filosofía socrática, según se la puede reconstruir principalmente a partir de los diálogos escritos por Platón . Analizaremos así las diferentes dimensiones de dicha filosofía desde una perspectiva basada en la pregunta por su *tópos*.

Debemos en primer lugar, antes de abordar de lleno nuestro tema, aludir a los problemas de interpretación que implica la mencionada reconstrucción. El problema central se genera en el hecho de que investigar en los diálogos de Platón un objeto denominado "filosofía socrática" presupone que es posible distinguir en ellos una filosofía atribuible a Sócrates de otra filosofía que, a pesar de que éste continúe siendo en la gran mayoría de los casos el personaje central, ya no expresaría su pensamiento sino el de Platón, en ciertos aspectos cruciales opuesto al de su maestro. Esta suposición, que implica admitir una división en períodos sucesivos y de características diferentes de la trayectoria intelectual de Platón, ha sido la predominante en los estudios socráticos durante los últimos dos siglos, si bien en la última década se ha fortalecido la interpretación contraria a ella. Aunque compartimos la idea de que deben distinguirse en los diálogos platónicos dos filosofías distintas, no trazaremos aquí la distinción entre ambas filosofías sobre dicha base evolutiva. Tampoco apelaremos a las diferencias que, desde Aristóteles, han sido privilegiadas con tal fin: el carácter no metafísico de la filosofía socrática versus el metafísico de la platónica y la negación socrática de la posibilidad de la *akrasía* frente a su afirmación por parte de Platón. Nos basaremos, en cambio, en una diferencia referida al *tópos* del filósofo y la filosofía.

Yendo pues ya a nuestro cometido –caracterizar el *tópos* de la filosofía socrática– digamos por empezar que es por cierto usual calificar de "atópico" a Sócrates y su filosofía. Lo que no es tan usual, sin embargo, es realizar un examen atento de la noción de *atopía*. Puesto que coincidimos con la atribución de *atopía* a Sócrates y su filosofía, nuestra primera tarea será delinear una interpretación del significado de esta noción.

El adjetivo griego *átopos* significa literalmente "estar fuera de lugar" o "carecer de lugar" y, por extensión, "extraño, incomprensible, absurdo". Se le suele aplicar a Sócrates en base a diversas razones. En primer lugar, por el marcado contraste entre su apariencia física –se lo comparó, en razón de su fealdad, con un sileno o un sátiro– y su belleza espiritual. En segundo lugar, por

Filosofía y Crisis Civilizatoria

su comportamiento, tan *atópico* como su apariencia. Ilustremos este rasgo de Sócrates con un ejemplo tomado de uno de los diálogos. Al principio de *Banquete (Simposium)* nos enteramos de que Sócrates no ha llegado a casa del anfitrión Agatón, donde se presumía que debía estar ya que poco antes se lo había visto dirigirse hacia allí. Ante la pregunta de Agatón por su ausencia, alguien le informa que Sócrates se había quedado parado en el *porch* de una casa vecina, aparentemente absorto en sus meditaciones, y se rehusaba a seguir. "¡Qué extraño! (*átopos*)" exclama Agatón, y acto seguido ordena a un sirviente que procure que venga, pero Aristodemo lo disuade informándole que "muy a menudo le ocurre detenerse donde se encuentra" (*Smp.* 175a). No fue ésta en efecto la única vez en que Sócrates se comportó de este modo. En otra ocasión, según relata Alcibíades en su intervención en el mismo diálogo, se quedó un día entero de pie "abstraído en sus pensamientos" e indiferente a todo lo que lo rodeaba (*Smp.* 220c). Tratándose de Sócrates, un apasionado de la conversación, estos repentinos ensimismamientos resultan por cierto menos explicables que en alguien más inclinado a la meditación solitaria. Pero el comportamiento atópico de Sócrates no era sólo ocasional. El hecho mismo de dedicarse por entero al diálogo filosófico sin cobrar nada a sus discípulos o seguidores, con el resultado de haber caído él y su familia en "la mayor pobreza", era muy extraño en un tiempo en que la regla era que los maestros percibieran altos honorarios de sus alumnos.

La afirmación de que Sócrates es "atópico" implica pues, de acuerdo con el significado recién mencionado del término, que carece de un lugar dentro del orden de su ciudad. Pero una especificación ulterior, aunque pueda parecer redundante, es necesaria en este punto: lo que se afirma es que Sócrates carece de un lugar *preestablecido* dentro de ese orden. Es precisamente sobre la base de esta carencia que proponemos distinguir al filósofo socrático del filósofo no socrático. Debemos principalmente a Platón el habernos revelado ese Sócrates atópico. Es el de la *Apología* y los diálogos tempranos pero también hace su aparición, aunque de un modo más esporádico, en diálogos posteriores, especialmente *Teeteto* y también *Filebo*, *Parménides* y otros. Por otro lado, Platón nos presenta en *República* y otros diálogos medios bajo el mismo nombre de Sócrates a un filósofo que podríamos llamar por contraposición "tópico", o sea, alguien que sí ocupa un *tópos* preestablecido dentro de un cierto orden, en este caso el de filósofo-rey en el estado ideal que diseña en detalle. Si el Sócrates de *República* fuera, como todo hace suponer, el ejemplo paradigmático de un filósofo de este tipo que Platón quería proponer, sería obviamente opuesto, en lo relativo al *tópos*, al Sócrates de los diálogos tempranos.

Ahora bien, la carencia de un lugar preestablecido dentro del orden de la *polis* no implica que Sócrates esté en los márgenes o directamente fuera de dicho orden. Por el contrario, Sócrates está situado en un *tópos* que está bien dentro de él aunque, repetimos la idea, no es un *tópos* que corresponda a alguna casilla preexistente (y de su contrapartida psicológica, la grilla o mapa mental del habitante de Atenas). Es un *tópos* novedoso, inesperado, aunque construido a partir de los materiales, los recursos simbólicos y culturales disponibles . Es pues un no lugar sólo respecto del horizonte de preguntas y expectativas del ateniense de la época. Aunque no entraremos aquí en el análisis del tan discutido problema de por qué Sócrates fue procesado y condenado, no podemos dejar de observar que su ambigüedad "topológica", el no estar exactamente ni adentro ni afuera del universo de la *polis*, debe haber tenido mucho que ver con ello. Es que tal ambigüedad puede llegar a constituirse en ciertas circunstancias históricas, particularmente en épocas de crisis, en un desafío intolerable a la construcción normal del sentido. Esta incertidumbre respecto del *tópos* que ocupa Sócrates es claramente aludida en el siguiente pasaje del *Fedro* (= *Phdr.*):

Pero tú, por cierto, admirable Sócrates, resultas un individuo de lo más extravagante. Pues, en lo que dices, te pareces sin más a un extranjero que es guiado por alguien y que no es del país. [Pero] no abandonas la ciudad de viaje a tierras extrañas, ni siquiera, a mi entender para salir fuera de las murallas. (*Phdr.* 229c-d)

Se ha dicho, sobre la base de toda su obra en general y más específicamente a partir de las consideraciones autobiográficas de la *Carta Séptima*, que el procesamiento, condena y ejecución de Sócrates llevó a su discípulo Platón a diseñar un orden en que tal crimen no fuera posible. El problema es que en ese orden ideal la posibilidad de la *atopía* está excluida por principio y, por lo tanto, en su seno Sócrates no podría ser atópico. Esto, a su vez, implicaría, si consideramos su *atopía* como característica definitoria, que dejaría de ser Sócrates. En cambio, en la imperfecta y tan criticada por él democracia ateniense, pudo durante muchos años practicar la filosofía tal como la entendía. Parece pues razonable suponer que la preferencia que manifiesta en la *Apología*, aún a pesar de sus críticas, por Atenas sobre otras ciudades griegas también la hubiera extendido en relación con la ciudad ideal platónica.

No podríamos dejar de mencionar en este contexto una tradición interpretativa que tiene el mérito de haberse detenido en el análisis de la *atopía* socrática. De acuerdo con ella, la *ato-*

pía de Sócrates está íntimamente ligada con su ironía. Ha sido sin duda Kierkegaard quien más ha enfatizado la visión de un Sócrates que se habría ocultado detrás de una máscara irónica (Kierkegaard, 1841). También el Nietzsche de *El Nacimiento de la Tragedia* ve en Sócrates "un grande y misterioso ironista". Por su parte, Leo Strauss (1989) construye un Sócrates simulador cuyo discurso tiene un doble sentido, uno exotérico y otro esotérico, sólo accesible a los iniciados. Ya en nuestros días, Alexander Nehamas nos ofrece un Sócrates que porta

> una profunda máscara irónica que es muy difícil, sino imposible, de remover... La ironía provee una máscara pero no muestra qué cosa, si es que alguna, es enmascarada. Sugiere profundidad, pero no la garantiza. Además, creo que el Sócrates de los diálogos platónicos tempranos no tiene profundidad, no tiene una historia subyacente distinta a la que es dada en los textos. (Nehamas, 1999: 71/72)

No cabe duda de que Sócrates fue un maestro en el uso de la ironía pero a nuestro juicio es discutible que exista un vínculo necesario entre ésta y su *atopía*. Como veremos más adelante, hay pasajes de los diálogos que ilustran claramente la *atopía* socrática pero en los cuales la interpretación irónica no parece apropiada. De lo que no parece que pueda haber dudas es que existió, como ya lo afirmara Hegel (1837 [1974]), una *brecha de comprensión* entre Sócrates y el jurado popular que lo juzgó y condenó (aunque es discutible que lo mismo pueda decirse en relación con los grandes sofistas como Protágoras o Gorgias que dialogaron con él). Pero la existencia de esa brecha no implica de por sí que se deba al uso por Sócrates de la ironía.

Coincidiendo implícitamente con Hegel, Irwin afirma que fue fácil para sus acusadores creer que Sócrates era algo que en realidad no era al no reconocer que era "algo nuevo, un filósofo de la moral" (Irwin, 1989: 84). Para poder acusarlo, se lo colocó pues, no necesariamente de un modo intencional, en un *tópos* –el de filósofo natural y sofista– que, estrictamente hablando, no le correspondía. Debra Nails usa el término justo para caracterizar esta situación: hubo un *malentendido* entre Sócrates y el jurado:

> El proceso de Sócrates no fue una conspiración malvada en contra de alguien inocente sino algo más profundo y al mismo tiempo más trágico: un error catastrófico, un malentendido que no pudo ser superado en el tiempo permitido por la ley. (Nails, 2006: 29)

La noción de *atopía*, entendida al modo descripto precedentemente, será pues nuestra clave para acercarnos a la filosofía socrática. En los apartados siguientes se intentará mostrar, a través de un recorrido por sus diversas dimensiones cómo aparece de modo relevante en cada una de ellas dicha *atopía*. Aludiremos así a la retórica, la epistemología, la religiosidad, la política y la ética socráticas. Todas estas dimensiones están presentes en los diálogos socráticos ya que, si bien el propósito excluyente de su tarea filosófica es para Sócrates la indagación moral, o sea, la ética, en el curso de esta indagación se plantean temas cuya discusión nos da pistas sobre su pensamiento en relación con las demás dimensiones también.

La *atopía* en las distintas dimensiones de la filosofía socrática

Una retórica atópica

Parecería un despropósito hablar de una "retórica" socrática en vista de la opinión tan fuertemente crítica de la retórica que Sócrates expresa en *Apología*, *Gorgias* y otros diálogos. Sin embargo, nada impide contraponer esa retórica que Sócrates criticaba a una retórica de un nuevo cuño que pueda considerarse socrática (Coultier, 1964: 299). En realidad, como veremos enseguida, la relación de Sócrates con la retórica es bastante más compleja que la de un mero rechazo.

A fin de poder demostrar el carácter atópico de la retórica socrática, empezaremos por considerar la opinión tradicional de que el discurso de Sócrates en su defensa estuvo mal orientado para lograr el objetivo de que el tribunal lo declare inocente. Tan evidente parecía esto que la pregunta que algunos intérpretes del proceso se han planteado es por qué Sócrates, un maestro del arte de la argumentación (*Grg.* 457c4-5), hizo una defensa tan contraria a su propio interés. Para Jenofonte (*Mem.* 4.8.1), Sócrates se defendió de la manera presuntamente inadecuada en que lo hizo porque decidió que había llegado a una altura tan avanzada de su vida –70 años– en que era preferible morir a seguir viviendo . En la *Apología* platónica, si bien Sócrates expresa pesimismo acerca del resultado de su defensa, afirma, y no hay motivos para dudar de su sinceridad, su decisión de defenderse, tanto porque así place al dios como porque la ley así lo establece (*Ap.* 19a2-7). En realidad, para varios estudiosos modernos del proceso la defensa de Sócrates fue la mejor posible *dentro* de los límites establecidos por sus principios. Brickhouse y Smith (1989), entre otros, atribuyen el fracaso de su defensa no a una supuesta decisión de Sócrates de no usar su habilidad retórica para logar su absolución sino a esa fidelidad a sus principios. Sin embargo, se podría objetar que, aun siendo coherente con sus principios, Sócrates hubiera podido no haber hablado del modo en apariencia desafiante y arrogante en que lo hizo. Uno de los ejemplos más citados de su presunta arrogancia es la propuesta inicial de pena, alternativa a la pena de muerte solicitada por sus acusadores, que hizo luego de haber sido declarado culpable. Esa "pena" era la de ser honrado y alimentado, dada su condición de benefactor de la ciudad y su estado de pobreza, a costa del Estado. Sócrates prevé la impresión de arrogancia que su propuesta puede producir y advierte a los jueces que no tendría fundamento: "Tal vez a ustedes les parezca que al hablar de este modo... me expreso jactanciosamente" (*Ap.* 37a). Y a continuación explica que, siendo consciente de que no haber hecho injusticia a nadie, no tiene por qué proponer que se le haga algún mal.

Otra parte del discurso socrático, anterior a la condena, también suele mencionarse como prueba de su arrogancia. Sócrates había aducido que fue el mismo dios quien le ordenó dedicar su vida al diálogo filosófico destinado a persuadir a sus interlocutores de su falta de conocimiento moral y la necesidad de su búsqueda. Esta fue su interpretación de la respuesta del oráculo –no existe hombre más sabio que Sócrates– a la pregunta sobre si había tal hombre que había formulado su amigo Querefonte. Sócrates parece salir implícitamente al paso de la atribución de arrogancia al afirmar "...en realidad sólo el dios es el sabio, y con aquella sentencia quiere decir que la sabiduría humana vale poco y nada" (*Ap.* 23a 2-7). Y enseguida agrega que el dios "parece servirse de mi nombre como para poner un ejemplo. Algo así como si dijera: El más sabio entre ustedes, seres humanos, es aquel que, como Sócrates, se ha dado cuenta de que en punto a sabiduría no vale en verdad nada" (*Ap.* 23a-b). En suma, si bien para una mayoría del jurado su discurso pudo haber sonado arrogante, para Sócrates evidentemente no lo era. Detrás de esta dualidad interpretativa asoma ya la *atopía* socrática.

Pero el carácter atópico de la retórica socrática aparece con más claridad aún en el comienzo mismo de la *Apología*, en el proemio, donde Sócrates explica el modo en que se defenderá:

> Y algo más importante señores atenienses, les pido que si me oyen hacer mi defensa con las mismas palabras que estoy acostumbrado a usar en el ágora, sobre las mesas de los negociantes, donde muchos de ustedes me han oído, y en otras partes, no se sorprendan ni hagan alboroto por causa de ello. Porque el caso es que ahora por primera vez comparezco ante un tribunal, a la edad de setenta años; la manera en que se habla aquí simplemente me es extraña. (*Ap*. 17c 9-18)

Sócrates afirma pues que no utilizará el lenguaje forense, que obviamente era la forma de hablar esperable en un tribunal, sino el lenguaje que usaba cotidianamente en el ágora y otros sitios en que desarrollaba sus diálogos. Reconoce que si hubiera sido un extranjero, alguien que no conociera las prácticas judiciales atenienses, se entendería por qué no usa el lenguaje apropiado al contexto en que se hallaba. Y admite que, no siendo extranjero, no tiene esa excusa e incluso prevé la sorpresa o aún el disgusto que ello causará en el jurado. Sin embargo, exhorta a los jueces a que atiendan sólo a si lo que dice es justo o no lo es, "...que sólo se examine y preste atención si digo cosas justas o no" (*Ap*. 18a 4-5). Tampoco utilizará, agrega cuando retoma más adelante la temática del proemio, otro recurso frecuente en los tribunales, el intento de despertar la piedad de los jueces mediante súplicas y lágrimas "e incluso trayendo consigo a sus hijos a fin de ser compadecido lo más posible" (*Ap*. 34c-d). Afirma que no utilizará recursos de esta índole porque sería "vergonzoso" hacerlo ya que un juez sólo debería guiarse por la justicia, por si el acusado cometió o no cometió el delito del cual se lo acusa y por ninguna otra consideración.

Sócrates sostiene pues que no haría un alegato del tipo esperable en el foro. Aunque discutibles desde el punto de vista de su eficacia para el logro de la absolución, las razones de su decisión son más o menos claras. Sin embargo, ocurre que la *Apología* es una pieza oratoria que hace en realidad un uso sofisticado de recursos retóricos característicos de los tribunales, recursos a los cuales Sócrates pretende como acabamos de mencionar no utilizar. Si esto puede generar dudas sobre la sinceridad del rechazo de Sócrates de la retórica, esas dudas parecen dar paso a la certeza al tomar en cuenta el hecho sorprendente de que varios argumentos e incluso frases textuales de la *Apología* tienen un gran parecido con argumentos de la *Defensa de Palamedes*, escrita nada menos que por el sofista Gorgias, uno de los representantes más conspicuos del arte retórico que Sócrates condenaba enérgicamente (Coultier, 1964; Guthrie, 1975: 76-77). Así, por ejemplo, ambos discursos incluyen la misma renuncia al recurso a la piedad y la proclamada intención de basar la defensa sólo en la verdad y la justicia, la misma afirmación de que la muerte es preferible al deshonor e incluso la misma declaración de incapacidad para el uso de recursos retóricos. Los dos discursos también incluyen frases parecidas, entre ellas la que es posiblemente la más famosa de la *Apología*, "una vida no examinada no vale la pena ser vivida" (*Ap.* 38a 5-6), que en *Palamedes* tiene una contrapartida no igual aunque parecida: "Una vida carente de confianza no vale la pena ser vivida" (*Pal.* 21). Por otra parte, al final de la *Apología* platónica (*Ap.* 41a8-b5), el caso de la *Defensa de Palamedes* es mencionado por Sócrates como similar al suyo, el de un condenado a muerte por una sentencia injusta.

Esta disparidad entre lo que Sócrates dice que se propone hacer y lo que efectivamente hace ha llevado a diversos estudiosos a atribuir al proemio, y también a otras partes de la *Apología*, un carácter irónico. Ya mencionamos antes el destacado papel de la ironía en los diálogos socráticos y nos extenderemos más sobre este debatido tema enseguida. Pero las similitudes de la *Apología* con el texto de Gorgias podrían interpretarse no tanto en clave irónica sino como un modo de resaltar aún más la diferencia de *fondo* de Sócrates con dicho texto y su autor (Coultier, 1964). De todas maneras, la analogía con la *Defensa de Palamedes* tiene sus límites: un elemento tan fundamental en el discurso socrático como lo es la exhortación al autoexamen moral a través del diálogo filosófico, y, en consecuencia, al cuidado prioritario de la propia alma, no tiene ningún paralelo en la *Defensa de Palamedes* ni en general en el discurso de los oradores y sofistas.

Las similitudes incluso textuales entre la *Apología* y la *Defensa de Palamedes* podrían verse también como un ejemplo de la antes mencionada estrategia socrática de utilizar los recursos disponibles en la cultura, en este caso el arte retórico de los sofistas, para construir un nuevo *tópos*, el *tópos* de la filosofía como opuesto al de la sofística, en consonancia con la negativa de Sócrates a aceptar el carácter filosófico de esta última . De todas maneras, la relación del discurso socrático con el discurso de quienes tanto critica no deja de ser sorprendente.

Una epistemología atópica

A fin de intentar reconstruir la epistemología socrática un buen punto de partida puede ser considerar al modo en que Sócrates inició su defensa. Recordemos que, en respuesta a las acusaciones presentadas formalmente por sus acusadores –no creer en los dioses en que la ciudad cree, introducir nuevas divinidades y corromper a los jóvenes– Sócrates, en lugar de defenderse directamente de ellas, se defiende primero de otras "acusaciones" que él mismo introduce y que, según alega, están detrás de aquellas. Eran acusaciones antiguas, tanto que aparecen en *Las Nubes* de Aristófanes, estrenada veinticuatro años antes del proceso. Las formula del siguiente modo: "Sócrates es culpable de indagar impertinentemente las cosas subterráneas y celestiales, de hacer pasar por más fuerte el argumento más débil, y enseñar a otros estas mismas cosas" (*Ap.* 19 b-c). En otras palabras, se le hacían tres cargos, a saber: ser un *phisiólogos*, un estudioso de la naturaleza o filósofo natural, ser un sofista, alguien que, según su caracterización, hace pasar fraudulentamente argumentos (*lógoi*) incorrectos por correctos, y, por último, enseñar esas cosas a otros. Luego de desechar rápidamente el primer cargo, y omitir defenderse del segundo (tal vez porque ya lo había hecho en el proemio), Sócrates pone su mayor empeño en refutar la tercera acusación. Hace al respecto la desconcertante afirmación de que él nunca enseñó nada a nadie porque no era ni pretendía ser un educador. Pero ¿no era acaso obvio que Sócrates tenía discípulos y seguidores? Como una prueba de que no era un educador, Sócrates aduce, en primer lugar, que, a diferencia de los que así se consideraban, él no requería, como ya se mencionó, pago alguno por sus supuestas "lecciones". Pero es la segunda prueba que invoca la que nos conduce a lo que puede considerarse el *núcleo* de la epistemología socrática: su profesión de ignorancia. Sócrates sostiene que él no podría enseñar nada a nadie sencillamente porque es ignorante. Lo que sucede, añade, es que por el hecho de hacer preguntas como qué es la piedad, la templanza, el coraje, etc., le vino la fama de ser sabio en razón de que la gente suponía que conocía las respuestas a sus preguntas. Pero esta fama era, aduce, inmerecida puesto que él no las conoce.

Una interpretación tradicional de la pretensión socrática de ignorancia es que se trata de una afirmación irónica. Al declararse ignorante, Sócrates habría querido significar, siguiendo la clásica definición del tropo de la ironía de Quintiliano, lo contrario de lo que afirma. Sin embargo, de acuerdo con Vlastos (1991), Brickhouse y Smith (1994), y otros estudiosos modernos, la interpretación irónica no es adecuada en este caso. Sin negar que Sócrates use a menudo y en forma magistral la ironía en el sentido señalado, como cuando manifiesta una fingida admiración por un interlocutor que presume vanamente de ser poseedor de un conocimiento moral, por ejemplo la naturaleza de la piedad en el caso de *Eutifrón*, no parece haber ningún fundamento para dudar de la sinceridad de su pretensión de ignorancia. Por el contrario, un argumento convincente a favor de la sinceridad de Sócrates es que si su pretensión de ignorancia no fuera sincera estaría destruyendo el sentido mismo de su actividad filosófica dirigida a lograr el progreso moral de sus interlocutores (y de él mismo) a través del examen de sus creencias. En efecto, el logro de ese objetivo requiere obviamente que las opiniones que se vierten en el diálogo socrático sean las que cada uno realmente tiene. Es por ello que la única condición que pone Sócrates a quienes dialogan con él es que sean honestos en sus respuestas, condición que no puede dejar de aplicársele a él mismo también:

> Por el dios de la amistad, Calicles, no debes pensar que puedes jugar conmigo y decir cualquier cosa que venga a tu cabeza, contraria a tu opinión real, ni, inversamente, debes pensar

que yo estoy bromeando. Pues tú ves acerca de qué son nuestras discusiones; ¿hay algo acerca de lo cual un hombre de aún pequeña inteligencia pueda ser más serio que esta: cuál es la forma en que debemos vivir? (*Grg.* 500b-c)

Hay dos problemas que dominan el debate sobre la profesión socrática de ignorancia: qué es exactamente lo que Sócrates dice ignorar y por qué establece un vínculo entre la conciencia de la propia ignorancia y la sabiduría. En relación con la primera cuestión, no ha escapado a los estudiosos el hecho paradójico de que, a la vez que se declara ignorante, Sócrates afirma saber una buena cantidad de cosas, como por ejemplo:

Sé que es malo y vergonzoso obrar injustamente y desobedecer a alguien que es superior a uno, sea dios u hombre. (*Ap.* 29b6-7)

Sé bien que si ustedes me matan, puesto que soy la clase de hombre que digo que soy, ustedes no me dañarán a mí más de lo que se dañarán a ustedes mismos. (*Ap.* 30c6-8)

Podrían citarse más pasajes en los que Sócrates se atribuye conocimiento, tanto en la *Apología* (por ejemplo 37b5-8), como de otros diálogos, por ejemplo *Eutidemo* (= *Euthd.*), donde afirma saber muchas cosas (*Euthd.* 293b8), entre ellas que los dioses no son injustos (*Euthd.* 296e8). ¿Estamos pues frente a una contradicción en que habría incurrido Sócrates? Sería extraño que fuera así no sólo porque sería demasiado obvia sino también porque ninguno de los interlocutores críticos que enfrenta en los diálogos tempranos aprovecha para usarla en su contra. Una forma, en nuestra opinión plausible, que se ha propuesto (Woodruff, 1986; Reeve, 1989; Brickhouse y Smith 1994; Benson, 1987) de reconciliar la pretensión socrática de ignorancia con sus pretensiones al conocimiento es considerar que Sócrates, cuando niega tener conocimiento, se refiere a un cierto tipo de conocimiento y cuando afirma la posesión de un conocimiento se refiere a un tipo distinto. El primero sería, según esta interpretación, un conocimiento experto o especializado, y el segundo un conocimiento común, no experto. Sócrates no utiliza por cierto la noción de conocimiento experto pero sí utiliza una noción emparentada con ella, la de *téchne*. Este término griego no tiene un equivalente exacto en español u otros idiomas modernos. Se lo suele traducir ya sea como "arte" –especialmente con referencia a artes prácticas si bien los griegos no las separaban de las "bellas artes" (Parry, 1996: 14)– ya sea como habilidad, ya sea como expertisia (o como "profesión", según la interesante propuesta de Weiss et al., 2006). La cantidad y variedad de ejemplos de *téchnai* que aparecen en los diálogos tempranos es realmente muy grande, desde la medicina, la navegación, la siembra, el entrenamiento de caballos, hasta la (verdadera) política. Sócrates expresa a menudo su aprecio por los que dominan una *téchne*. En su investigación para dilucidar el significado del oráculo que lo había proclamado el más sabio de los hombres, encontró que los artesanos "sabían muchas cosas hermosas" y en ese sentido eran más sabios que alguien como él que no dominaba ninguna *téchne*. Esto permite suponer que el tipo de conocimiento que Sócrates consideraba más valioso, el de la ética, y que declaraba no poseer, era un conocimiento similar, en cuanto a ser un conocimiento experto, al que posee un artesano de su arte. ¿Cuáles serían las características generales de este tipo de conocimiento? En primer lugar, el mismo hecho de que Sócrates haya seleccionado a los artesanos como ejemplo de quienes poseen un conocimiento que reconocía como tal sugiere que no atribuía al mismo un carácter puramente teórico, un saber separable de la práctica sino un saber embebido en la respectiva práctica. En el caso de las virtudes morales, la práctica correspondiente sería, como veremos al tratar la política y la ética socrática, el diálogo socrático o *élenchos* y el resultado buscado, una vida digna de ser vivida. Pero el hecho es que Sócrates no hace explícitas estas características que tendría el conocimiento propio de una *téchne* de modo que sólo podemos conjeturarlas. Irwin (1977), por ejemplo, enfatiza su carácter racional, idea que Reeve (1989) desarrolla señalando que el conocimiento experto es explicativo (el experto puede dar razón de por qué para lograr determinado resultado hay que proceder de un modo dado y no de otro) y, por tanto, es independiente del azar. Asimismo, es un conocimiento claramente articulado y ordenado. Todo esto explicaría, según estos autores, que una *téchne* sea enseñable, trasmisible a otros.

Sin embargo, si bien es un hecho obvio que el conocimiento que posee un experto es trasmisible a otros, es discutible que ello se deba, o se deba exclusivamente, a las cualidades mencionadas. Nehamas (1999) ha objetado, a nuestro juicio acertadamente, la afirmación de que los poseedores de una *téchne* puedan dar *siempre* razón de sus prácticas, y de que las enseñen mediante un método exclusivamente racional. Es sabido que el aprendizaje de una *téchne* requiere de un prolongado entrenamiento, una larga *práctica* al lado de un maestro hasta llegar progresivamente a dominar su arte. Por tanto, no es un *saber qué* separable de la práctica, sino un *saber cómo* embebido en la respectiva práctica. Así pues, aunque aceptemos el carácter racional de ese saber, no lo sería en un sentido puramente teórico sino esencialmente práctico.

Pasemos ahora a la segunda cuestión arriba planteada, la de la paradójica relación establecida por Sócrates entre ignorancia y sabiduría. Podría pensarse que, al no poseer un conocimiento experto en ninguna área, Sócrates está en desventaja respecto de los que al menos lo poseen en alguna. Sin embargo, en realidad estos, aunque dominen algún arte, al ignorar que no poseen un conocimiento experto de la virtud y pretender poseerlo, representan el tipo de "ignorancia más censurable, la de creer saber lo que no se sabe" (*Ap.* 29b 1-2 y también *Euthd.* 279a1-285e5, *Ly.* 218a, *Men.* 87d11-89a3). A diferencia de ellos, Sócrates sabe que no lo posee. Este conocimiento que puede denominarse negativo, esta conciencia de la propia ignorancia es, reconoce, una "pequeña cosa" frente a la verdadera sabiduría, sólo poseída por el dios, pero no obstante su insignificancia es la cumbre más alta que puede alcanzar la sabiduría humana. Claro que no basta con reconocer que no se sabe, ese reconocimiento debe surgir de un difícil y continuo proceso de examen de nuestras creencias, es decir, de la práctica del *élenchos*.

En relación con la naturaleza del *élenchos* socrático, un tema clásico de debate ha sido si es puramente negativo o destructivo o, por el contrario, tiene también un componente positivo o constructivo . En rigor, el desarrollo de un *élenchos* sólo permite concluir una *inconsistencia* en el cuerpo de creencias, no la verdad o falsedad de una creencia específica. Sin embargo, hay a nuestro juicio un acuerdo pragmático implícito entre Sócrates y sus interlocutores sobre cuál de las creencias inconsistentes hay que excluir, que no es otra que la hipótesis propuesta sobre la naturaleza de la virtud en juego. Es cierto que el interlocutor, o Sócrates mismo, podrían adoptar tácticas erísticas para salvar a toda costa, aún no creyendo en su verdad, una afirmación dada pero esto violaría el antes mencionado requisito de honestidad como condición de posibilidad del diálogo socrático. Pero, volviendo a la cuestión arriba planteada, a nuestro juicio el *élenchos* presenta, junto a su carácter refutatorio o negativo, aspectos que pueden considerarse positivos o constructivos. En primer lugar, el desarrollo de un *élenchos* permite sacar a luz conocimientos (comunes) que hasta entonces sólo estaban implícitos pero que los participantes del diálogo reconocen gracias a éste como tales. Y no sólo eso: en ocasiones Sócrates lleva a sus interlocutores a aceptar proposiciones a primera vista inaceptables para ellos como, por ejemplo, su afirmación de que "Estoy convencido de que es mejor sufrir injusticia que cometerla" (*Cri.* 475b5), afirmación que extrema en *Grg.* 472e4-8 donde sostiene que el hombre injusto es desgraciado en todos los sentidos pero lo es más si no sufre ningún castigo y si sus crímenes quedan impunes. Estas afirmaciones las tienen que aceptar porque, como Sócrates los lleva a reconocer en el curso del diálogo, están implicadas por otras proposiciones que aceptan. De este modo el *élenchos* tiene un primer efecto sobre los que participan en él: *reorganiza* su cuerpo de creencias de manera que las que implican pretensiones a un conocimiento experto de naturaleza moral son eliminadas y otras, que no implican tales pretensiones, son explicitadas y en algunos casos aceptadas *qua* conocimientos. He caracterizado en otra parte (Nudler, 1995) este proceso como una construcción, dentro del cuerpo de creencias de los participantes en un diálogo socrático, de un límite entre dos zonas: la de las creencias que han sido explicitadas y aceptadas como conocimiento (común) y la de las creencias que pretendían ser conocimientos pero que han sido rechazadas como tales (en particular las que pretenden un conocimiento experto de las virtudes). Se trata de un límite que se va desplazando a medida que el proceso de examen de creencias avanza a través del diálogo, proceso que, por otra parte, nunca llega a su fin. Esta investigación dialógica, que para Sócrates está, podríamos decir, *moralmente cargada*, es una tarea para toda la vida. Su fuerza propulsora es, según se la presenta en el *Banquete*, la forma superior del *éros*, el amor a la sabiduría. En el diálogo *Lisis* (= *Ly*.) Sócrates pone en claro quiénes pueden experimentar ese amor. Por un lado, aquellos que no son sabios ya que si lo fueran habrían alcanzado ya el objeto superior del *éros* y, por tanto, no se sentirían impulsados a conseguirlo. Pero tampoco los ignorantes que sean además "malos y necios" podrían hacerlo. "Quedan sólo aquellos que tienen esa cosa mala, la ignorancia, pero que no han sido convertidos en malos y estúpidos por ello" (*Ly*. 218a-b).

Ahora bien, como Sócrates nunca examina sus propias convicciones sino sólo las de otros, parecería que él mismo no podría obtener ningún beneficio moral del *élenchos*. Sin embargo, el autoexamen no está ausente del proceso aunque su presencia no sea independiente sino parasitaria del examen de otros. En *Grg*. 509a Sócrates afirma así que sus puntos de vista aparecen "menos absurdos" después del examen de otros que antes.

En síntesis ¿qué consecuencias podemos extraer de lo precedente para caracterizar la epistemología socrática? A nuestro juicio, resulta al menos claro lo que la epistemología socrática *no* es. No es metafísica o, más precisamente, no es una epistemología que implique como contrapartida una metafísica, como sí ocurrirá con la epistemología de *República* y demás diálogos medios. No resulta en una metafísica por dos razones. En primer lugar porque, si bien Sócrates es esencialista en cuanto a los universales, a diferencia de Platón no los considera, como señala taxativamente Aristóteles (*Met.* 1078b30-2), como "existentes separados". En segundo lugar, porque la profesión de ignorancia le impediría, aún en el caso de que existan independientemente, pretender que posee un conocimiento de ellos. En cambio, el filósofo platónico, al no adherir a la profesión de ignorancia, y al dejar de lado el carácter aporético del *élenchos*, sí puede convertir su epistemología en una vía regia, a través de la dialéctica, hacia una metafísica (la de las Formas). Esto queda claro en *República*, por ejemplo cuando Sócrates, dialogando con Glaucón, llega al punto en que caracteriza a los filósofos como aquellos a quienes gusta "contemplar la verdad" (*R.* 4.75e), o cuando sostiene más adelante que el alma es capaz, apartándose de lo que deviene, "de sostener la contemplación del ser y de lo que en el ser hay de más luminoso, lo cual es, según declaramos, el bien" (*R.* 7.518b).

Si la epistemología socrática del Sócrates de los diálogos tempranos no es metafísica ¿podría entonces caracterizarse como escéptica? Algunos pasajes de los diálogos tempranos parecerían abonar una interpretación de este tipo (sostenida, dicho sea de paso, por los escépticos antiguos, tanto académicos como pirrónicos). Entre ellos, el siguiente pasaje:

> Habiendo llegado a ser evidentes estas cosas en la argumentación, habiendo sido establecidas por argumentos de diamante y hierro, mi posición es siempre la misma: no sé si estas cosas son verdaderas o no. (*Grg.* 509 a4-7)

Sin embargo, hay una diferencia fundamental entre Sócrates y los escépticos: si bien para ambos el conocimiento de la esencia de la virtud es imposible de alcanzar, su prosecución no es para Sócrates una empresa vana o sin sentido según aseguraban los escépticos. Es más bien todo lo contrario ya que es esa búsqueda lo que hace que la vida humana sea "digna de ser vivida".

Tampoco se podría caracterizar la epistemología socrática como relativista ya que la distinción entre conocimiento experto y conocimiento común, o la diferencia entre creencia verdadera y conocimiento, no es equivalente a la distinción entre conocimiento absoluto y relativo.

En suma, sólo podemos llegar a entender la naturaleza de la epistemología socrática si renunciamos a encuadrarla en alguna de las categorías tradicionales. Tomando en cuenta lo mencionado antes acerca del proceso de búsqueda de conocimiento como un proceso de construcción por parte del sujeto involucrado en el diálogo socrático de un límite entre dos zonas de su cuerpo de creencias, podríamos caracterizarla tentativamente como una epistemología "del límite" o, para subrayar el compromiso personal con esa búsqueda, "en el límite" (Nudler, 1995). Lo que sí puede afirmarse con seguridad es que, si bien la epistemología socrática no conduce ni a una metafísica ni al escepticismo ni al relativismo, sí conduce hacia una ética. Volveremos sobre este punto más abajo, al referirnos a la ética socrática.

Una religiosidad atópica

Un área en que han surgido considerables dudas y polémicas en torno de la racionalidad socrática es la de la religión. Observemos, antes de abordarlas, que la religión ilustra, tal vez mejor que cualquier otra dimensión, una característica que hemos atribuido a la filosofía socrática: la de hacer uso de los recursos disponibles en el orden social, cultural y simbólico de la *pólis* a fin de construir un *tópos* dentro de él no previsto por dicho orden.

Es innegable que Sócrates era un hombre profundamente religioso. El hecho mismo de haber dedicado su vida a la filosofía a través de la práctica del *élenchos*, y de que considerara esa dedicación como irrenunciable, lo justifica en motivos religiosos. Parece claro que Sócrates ya desarrollaba su actividad dialógica antes del episodio del oráculo (si no hubiera sido así, Aristófanes no lo habría ridiculizado en *Las Nubes*, en 423 a.C.), pero fue a partir de ese episodio que asumió el carácter de una *misión divina*, un deber impuesto por el dios. No cumplir con ese deber hubiera sido tan vergonzoso, afirma, como lo sería la conducta de un soldado que abandonase el puesto de combate asignado por su comandante en razón del riesgo de muerte aparejado por su permanencia en él. En este último sentido, en su participación en las batallas en que combatió por Atenas (Potidea, Anfípolis, Delion), Sócrates no sólo cumplió las órdenes recibidas sino que lo hizo demostrando una excepcional valentía y resistencia a las condiciones adversas. No dejaría de cumplirlas ahora, afirma, en que era el dios mismo quien le había ordenado "vivir filosofando, examinarme a mí mismo y a otros" (*Ap.* 28e).

Sócrates aceptaba pues sin reservas una creencia que estaba en el núcleo de la religión popular griega: la existencia de un dominio sobrenatural poblado de seres divinos. Ahora bien, esos seres entraban a veces en contacto con él para transmitirle alguna orden. El episodio del oráculo de Delfos no fue la única ocasión en que recibió órdenes divinas, como lo revela el mismo Sócrates:

> Hacer esto me ha sido ordenado por el dios mediante oráculos o sueños, o cualquier otro medio por el cual un designio divino ordena a un hombre hacer algo. (*Ap.* 33c)

También menciona otra peculiar forma de comunicación divina con él a través de una voz interior que en ocasiones oía. A diferencia de los mensajes que lo divino (*to daimónion*) le hacía llegar a través de otros medios, en que se le ordenaba un cierto curso de acción, esa voz se limitaba a disuadirlo de hacer algo que estaba por hacer (*Ap.* 31c8-d4).

Ahora bien, esta religiosidad de Sócrates, que supone pues no sólo compartir la creencia en una intervención divina en el orden natural sino también, más específicamente, la justificación del filosofar socrático en un mandato del dios, parece chocar frontalmente con la prioridad absoluta que, por otro lado, concede a la razón:

> No ahora por vez primera, sino siempre, soy la clase de hombre que es persuadido por nada excepto la proposición que me parece ser la mejor cuando razono acerca de ella. (*Cri.* 45b)

De acuerdo con esta profesión de fe en la razón, Sócrates sólo podría aceptar hacer o dejar de hacer algo cuando su razón se lo indicara, o, más precisamente, cuando fuera resultado de un proceso de deliberación racional. ¿Estamos pues frente a un conflicto entre las convicciones socráticas acerca de la razón y sus convicciones religiosas? Si bien a primera vista parecería ser así, algunos estudiosos lo han negado y sostenido que, en todo caso, el conflicto es sólo aparente. Vlastos (1991: 157), por ejemplo, afirma que entre el compromiso con lo sobrenatural y el compromiso con lo racional no hay en Sócrates conflicto alguno porque su concepción de los dioses es moral y, por tanto, racional. No era por cierto así en la religión popular griega en que los dioses, tal como son descriptos por ejemplo en la *Ilíada*, estaban más guiados por sus pasiones que por la razón. Eran caprichosos, vengativos y solían enfrentarse entre sí convirtiendo frecuentemente a los seres humanos en víctimas inocentes de sus enojos y revanchas. Las plegarias, ofrendas y sacrificios eran justamente formas de granjearse la buena voluntad de los dioses y evitar las consecuencias desagradables que podían tener sus acciones. Pero Sócrates se opone explícitamente a esta concepción de lo divino. Siendo los dioses, según afirma, perfectamente racionales, de acuerdo con su equiparación entre conocimiento de la virtud y acción virtuosa, también son completamente virtuosos. O sea, la racionalidad de los dioses es lo que posibilita su virtud. Con esto está relacionado lo que Sócrates sostiene en el *Eutifrón* en vinculación con la piedad: una conducta es piadosa no porque le place a los dioses sino que place a los dioses porque es piadosa (*Eut.* 12d). En definitiva, todo lo que el dios ordena puede ser para Vlastos justificado racionalmente de modo que no puede haber para Sócrates conflicto entre religión y razón.

Brickhouse y Smith (1994), en el otro extremo del arco interpretativo, rechazan de plano propuestas como la de Vlastos. Sostienen, primero, que sí puede haber para Sócrates conflicto entre lo que su razón le dicta y lo que el dios le ordena y, segundo, que en tal caso prioriza el mandato del dios. Esto no sería contradicho por la afirmación racionalista del *Critón* ya que una orden divina es para Sócrates una *razón* para obrar de acuerdo con ella, en lo cual esta racionalidad difiere por cierto de la racionalidad ilustrada moderna. Un ejemplo que estos autores dan en apoyo de su interpretación es que Sócrates, presumiblemente como producto de una deliberación, tuvo que haber decidido en algún momento participar de la Asamblea para exhortar a sus conciudadanos a ser virtuosos pero, al recibir el consejo de la voz divina en sentido contrario, se abstuvo de hacerlo. Así pues, para Brickhouse y Smith la misión que Sócrates llevó adelante era independiente de toda justificación racional, en particular independiente del *élenchos*. (Brickhouse y Smith, 1994: 7).

Las dos interpretaciones precedentes, tanto la que privilegia la motivación religiosa como la que prioriza la vocación racional, no prestan a mi juicio debida atención al contexto práctico en que Sócrates actuaba y a su forma de hacerlo. Según una interpretación de la práctica dialógica socrática introducida antes, ésta parte siempre del *tópos* de sus interlocutores, que en este caso incluía una creencia en dioses sobrenaturales antropomórficos y muchas veces irracionales. Desde ahí Sócrates avanza, como señalamos, en la construcción de un nuevo *tópos*, en que no se deja de lado la creencia en la existencia de dioses sobrenaturales pero se los transforma, convirtiéndolos en seres dotados de una perfecta racionalidad y moralidad. En suma, la racionalidad no era para Sócrates un principio abstracto, aplicable independientemente del contexto práctico e histórico de la acción, sino una herramienta sensible al contexto de aplicación. Sócrates no privilegia pues ni la dimensión religiosa ni la racional sino que modifica a ambas en función de su práctica dialógica dirigida a la transformación moral.

Una política atópica

¿Qué concepción de la política puede atribuirse a Sócrates? Una primera pregunta que se plantea es si fue partidario de la democracia o enemigo de ella. No hay por cierto, como en la mayoría de las cuestiones sobre Sócrates, una respuesta sencilla a esta cuestión pero en este caso llama la atención el carácter tan diametralmente opuesto de las posiciones asumidas por los intérpretes. Tenemos en un extremo quienes ven a Sócrates como un enemigo de la democracia y partidario de la oligarquía y, en el otro extremo, quienes lo consideran un demócrata radical.

Otra cuestión, lógicamente previa a la anterior, es la de si Sócrates se comprometió de algún modo con la política. También en relación con esta cuestión las interpretaciones son fuertemente dispares: hay quienes lo califican de apolítico, y aún anti político, y hay quienes lo representan como profundamente comprometido con la política. Esta aguda disparidad de opiniones no puede menos que hacernos sospechar que la *atopía* socrática debe estar jugando aquí también un papel.

Pero veamos un poco más de cerca estas preguntas. Empezando por la primera –¿fue Sócrates demócrata o antidemócrata?– si nos guiáramos sólo por sus tajantes afirmaciones en contra del gobierno "de los muchos" parecería evidente que debemos ubicarlo en la segunda alternativa. En efecto, en la *Apología* afirma por ejemplo que "no existe hombre que sobreviva por largo tiempo si se opone sinceramente sea a ustedes, sea a cualquier otra multitud y trata de impedir que llegue a haber en la ciudad mucha injusticia e ilegalidad" (*Ap.* 31e). La crítica de Sócrates a la democracia ateniense, en particular a su institución más importante, la Asamblea, como generadora de "injusticia e ilegalidad", se repite en otros diálogos tempranos como *Critón, Laques, Protágoras* y *Gorgias*. Además, Sócrates no se limita a una crítica general del régimen político vigente en Atenas sino que personaliza su crítica en los líderes históricos más reverenciados de la democracia –en particular Pericles, y también Cimon, Milcíades, Temístocles– a quienes acusa de haber empeorado moralmente a los atenienses (*Grg.* 515d1). Este diagnóstico negativo de la democracia ateniense que formula Sócrates está basado, según afirma, en su convicción de que la política, al igual que otras artes como la medicina, debe ser un dominio en que las decisiones sean tomadas por expertos y no por una multitud no preparada, proclive a seguir a hábiles oradores que la adulan. Este fue uno de los temas de choque con los sofistas. Así, en el diálogo que lleva su nombre, el sofista Protágoras argumenta en contra de la posición de Sócrates en cuanto a reservar la política a expertos. Luego de introducir un grandioso mito acerca del origen del orden político, Protágoras afirma que, a diferencia de lo que sucede en artes como la arquitectura, en que los atenienses y otras gentes sólo escuchan los consejos de unos pocos, y está bien que así lo hagan

> cuando se trata de los asuntos que corresponden puramente a la virtud política, como la política trata siempre sobre la justicia y la sensatez, entonces escuchan a todo el mundo, y con razón, porque todos están obligados a tener esa virtud pues de otra manera no existirían las ciudades. (*Prt.* 322e-323a)

Y, de hecho, agrega Protágoras, tienen esa virtud no porque sea un "presente de la naturaleza ni un resultado del azar sino fruto de reflexiones y de preceptos enseñables" (*Prt.* 323d y 325a). Un punto de vista similar es defendido en *Menón* por Anito, un reconocido líder democrático (y uno de los tres acusadores de Sócrates, tal vez el cerebro de la acusación). El término "enseñable" es clave aquí: que la virtud se puede enseñar es un punto vital para los demócratas. Sócrates defiende la tesis opuesta. Sostiene al respecto que si alguien llega a ser virtuoso no será porque otro le enseñó a serlo sino porque se ha entregado a la práctica del examen y el autoexamen, los cuales posibilitarían, diríamos en lenguaje moderno, una especie de transformación interior.

Si bien Protágoras y Sócrates están de acuerdo en que la política es una *téchne*, los sofistas, en su mayoría extranjeros en Atenas, se limitaron en general a enseñar las técnicas, en particular el dominio del arte de las palabras necesario para actuar en las instituciones de la democracia, absteniéndose de opinar sobre los contenidos de las políticas llevadas a cabo o defendidas por sus alumnos. En este sentido, fueron perfectamente funcionales a las necesidades de la democracia ateniense en que la oratoria era un instrumento decisivo. Pero Sócrates rechaza esta concepción instrumental de la política y considera que ésta debe ocuparse de los *fines* a lograr mediante ella, en particular que los ciudadanos progresen moralmente, que se vuelvan cada día más virtuosos.

La actitud crítica de Sócrates hacia la democracia ateniense ha llevado a algunos intérpretes a sostener que simpatizaba con el partido oligárquico . En apoyo de esta postura se invocan no sólo sus opiniones sino también el hecho de que varios de sus seguidores fueron conspicuos enemigos de la democracia. En un fragmento de Esquines del año 345 a.C. se afirma en este sentido que Sócrates fue condenado por su asociación con enemigos de la democracia: "Uds. condenaron a muerte a Sócrates el sofista porque quedó en evidencia como el educador de Critias, uno de los Treinta que derribaron la democracia".

Además de Critias, en el círculo socrático también hubo otros notorios personajes antidemocráticos como Cármides, primo de aquél, también miembro de la junta oligárquica de los Treinta y encargado por ésta del gobierno del Pireo. Y Alcibíades, el famoso admirador de Sócrates que traicionó a Atenas. Pero a pesar de todo esto, hay razones para dudar del alineamiento de Sócrates con la causa oligárquica. No sólo no manifestó simpatía alguna por ella sino que, como lo recuerda él mismo en la *Apología* (y como también es mencionado en la *Hellenica* de Jenofonte) se negó a obedecer, con riesgo cierto para su vida, una orden de la dictadura de los Treinta de capturar y asesinar junto a un pelotón a León de Salamina, un general leal a la democracia. Por otra parte, había también en el círculo socrático, junto a los mencionados personajes antidemocráticos, demócratas como su amigo Querefonte (el mismo que le hizo saber la respuesta del oráculo de Delfos). Otros asociados de Sócrates como Laques también fueron probablemente demócratas. Por otra parte, como ya se mencionó, Sócrates manifestó que prefería a Atenas a cualquier otra ciudad griega. Esto era presuntamente así no por haber nacido en ella sino porque le había permitido durante muchos años, gracias a su constitución democrática, vivir una vida filosófica. Finalmente, su obediencia a las leyes, que eran claramente las leyes de la democrática Atenas, es ilustrada por su célebre negativa a aceptar la propuesta de Critón en el diálogo homónimo de huir de la prisión para escapar de la condena a muerte que el tribunal que lo juzgó le había impuesto. Sócrates imagina, en su tarea de convencer a Critón de la justicia de su negativa, lo que le dirían las Leyes si intentara huir:

> Dime, Sócrates ¿qué te propones hacer? ¿Con este acto intentas otra cosa que destruirnos a nosotros, las leyes y el Estado, en lo que a ti te toca? ¿O crees que puede subsistir y no arruinarse aquel Estado en el cual las sentencias pronunciadas no tengan fuerza, sino que sean desautorizadas y corrompidas por los particulares? (*Cri.* 50b2-5)

Sócrates no considera justo, pues, actuar de un modo destructivo para el Estado, que era el Estado democrático. En esta convicción se basa la doctrina "persuade u obedece" que formula y aplica en el *Critón* a su propio caso: él ya tuvo su oportunidad de persuadir al jurado de su inocencia pero, al no haberlo logrado, debe obedecer su veredicto. Este mismo objetivo de preservar el Estado explicaría también su renuncia a participar de las instituciones políticas. Dado que su misión consistía en la práctica del examen moral incesante de los demás y de sí mismo, debería, en caso de participar de la Asamblea, extenderla también a ese ámbito. Pero semejante indagación permanente que, como vimos, siempre tiene en los diálogos socráticos un final abierto, aporético, chocaría con la necesidad de la política práctica de tomar decisiones, incluso en ausencia de evidencias concluyentes acerca de sus fundamentos. J. Peter Euben plantea una interesante conjetura acerca de este posible motivo de Sócrates para no participar de la Asamblea:

[Sócrates] sabía bien que demasiada filosofía resulta en mala política (así como también resulta en ella la ausencia de filosofía). Si estoy en lo cierto, Sócrates se rehúsa a hablar en la Asamblea porque el "éxito" allí podría haber destruido a Atenas. Su elección acerca de dónde y cómo practicar la filosofía es tanto para salvar a la ciudad de la filosofía como a la filosofía de Atenas, aunque la filosofía sea potencialmente la salvadora de la ciudad. (Euben, 1997: 22)

Más allá de esta especulación sobre los motivos que Sócrates habría tenido para abstenerse de participar de la Asamblea, nos podemos preguntar si de hecho contribuyó de algún modo a la democracia. La respuesta que diversos pensadores liberales del siglo XX han dado a esta pregunta, desde Karl Popper y Richard Rorty hasta Gregory Vlastos, es enfáticamente afirmativa. Sostienen que Sócrates contribuyó a la democracia con su misma práctica filosófica ya que ésta estaba dirigida a que sus interlocutores fueran reflexivos y cuestionadores de las creencias propias y ajenas con el propósito de ser cada día más sabios y virtuosos. A pesar de su negativa a participar de las instituciones vigentes, Sócrates sería así un modelo de ciudadano ideal de una democracia.

Hay otro modo, no opuesto al precedente sino complementario, de defender una interpretación democrática de Sócrates. Para introducirlo, atendamos nuevamente a la cuestión del *tópos* del filósofo socrático, esta vez en relación con la política. Retomemos para ello la segunda cuestión que nos planteábamos al iniciar el tema de la política socrática: ¿qué lugar habría que asignarle a Sócrates en la dicotomía político/antipolítico? Sócrates ha sido calificado como apolítico y aún anti político particularmente porque, como acabamos de mencionar, no participaba de la Asamblea de los ciudadanos de Atenas. No participar de la Asamblea no era en Atenas una falta menor. Tucídides relata que Pericles había manifestado que

> Consideramos que un hombre que no participa de la vida política no es alguien a quien sólo le importan sus propios asuntos; lo vemos como alguien que no tiene aquí ningún asunto en absoluto. (*Guerra del Peloponeso*, 2.40.2)

Es decir, quien no participa de la vida política de su ciudad no es verdaderamente un hombre cabal. Sin embargo, Sócrates, a pesar de su falta de participación en las instituciones políticas de la democracia ateniense, no se limitó a "ocuparse de sus propios asuntos", según la dicotomía presupuesta por Pericles. Es claro que su actividad se centró en mejorar moralmente a sus conciudadanos (y a sí mismo) del modo como él lo entendía, dialogando acerca de las virtudes, entre ellas la justicia, una virtud directamente vinculada con la política. Por otra parte, las otras virtudes sobre las cuales Sócrates dialogaba, como la piedad, el coraje, etc., también tienen en su concepción un vínculo con la virtud política por el simple hecho de que todas las virtudes tienen, de acuerdo con la doctrina socrática de la unidad de las virtudes, "una única y misma forma" (*Men.* 72c-d). La actividad de Sócrates es pues, aunque en un sentido distinto del usual, política o, más precisamente, *élenchos* político. Por otra parte, Sócrates afirmó explícitamente el carácter político de su actividad, más aún, consideraba que era el único verdadero político:

> Soy uno de los pocos atenienses –por no decir el único– que se dedica al verdadero arte y la verdadera práctica de la política. (*Grg.* 521d6-8).

El sentido de esta afirmación hay que buscarlo en la distinción que traza Sócrates entre dos clases de política. Una falsa, la de los oradores, que "sólo se conducen con los pueblos como si éstos fueran niños, con el fin único de complacerles sin inquietarse en lo más mínimo pensando en si se harán mejores o peores" (*Grg.* 502 e-503a). Y otra genuina, "que trabaja para hacer mejores las almas de los ciudadanos y que se dedica en todas las ocasiones a decir lo que es más ventajoso, sea bien o mal recibido por los espectadores" (*Grg.* 503a). Esta última, la verdadera política, dice Sócrates en la *Apología*, sólo puede ejercerse actuando como "un hombre privado, no como un hombre público" (*Ap.* 32a3). Pero la política socrática "en privado" no es en realidad estrictamente "privada". Recordemos que Sócrates desarrollaba buena parte de su actividad dialógica en el ágora, el espacio que era el centro del comercio, la cultura y la vida social de la *polis* griega. El ágora no pertenecía claramente ni al ámbito privado ni al ámbito público. Zygmunt Bauman (1999) ha enfatizado la necesidad de recuperar este concepto socrático, y antiguo en general, de ágora: "el espacio que no es ni privado ni público sino, más exactamente, privado y público al mismo tiempo" (Bauman, 1997: 3). La conversión del ágora en *tópos* de la política, y al mismo tiempo de la filosofía, fue a nuestro juicio una innovación revolucionaria debida a Sócrates. La política socrática no excluye a nadie: ricos y pobres, extranjeros y ciudadanos, jóvenes y viejos, todos son invitados a participar de ella. En este sentido es una política profundamente democrática.

Ahora bien, Sócrates dejó sin respuesta la pregunta sobre la naturaleza del Estado o el gobierno de la ciudad. Está claro que para él no debería ser un gobierno como el de Atenas, en que los oradores más hábiles eran los que prevalecían. Las decisiones deberían ser tomadas por expertos en cada tema: los arquitectos si se trata de construir murallas o muelles, los militares si se trata de disponer a los soldados contra un enemigo, etc. (*Grg.* 433b2-c2). Pero estas decisiones, que pueden considerarse técnicas, no agotan por cierto el ámbito de las decisiones que un gobierno debe tomar, tanto en lo relativo a la política interna, por ejemplo, si extender o no extender, y hasta qué punto, los derechos políticos y sociales a ciertos sectores desprovistos de ellos (cuestión en torno de la cual giró por largo tiempo el conflicto social en Atenas), como de política externa, si declarar la guerra o mantener la paz, etc. ¿Quiénes deberían tomar estas decisiones políticas? En los diálogos socráticos tempranos no hay, como hemos mencionado, ninguna respuesta a esta cuestión. En cambio, sí hay una respuesta detallada en *República*, respuesta que consiste, entre otras cosas, en sostener que los que deben gobernar son los reyes-filósofos, aquellos que han accedido a la contemplación de las Formas y, por tanto, tienen un conocimiento experto de las virtudes. Esta respuesta del Platón maduro podría considerarse como una continuación natural de la incompleta indagación política socrática. Pero es dudoso que lo sea ante todo porque para Sócrates no existen expertos en virtud, sólo existen aquellos que, como él, se esfuerzan por ser virtuosos. Más allá de esto, y como acabamos de ver, el *tópos* del filósofo socrático es el ágora y su función es la del tábano, no compatible por cierto con la función de rey que le acuerda Platón.

Esta figura socrática del filósofo como tábano nos lleva a adentrarnos ya en la ética de Sócrates, tan estrechamente entretejida con su política así como con las demás dimensiones consideradas hasta aquí.

Una ética atópica

El propósito explícito de la actividad filosófica de Sócrates era como hemos dicho claramente práctico: el de que todos aquellos con quienes tenía oportunidad de dialogar, fueran atenienses o extranjeros, "atiendan intensamente su alma de modo que llegue a ser virtuosa" (*Ap.* 30e). Para ello se había convertido, según acabamos de recordar, en "una especie de tábano" destinado por el dios a seguirlos por todas partes para despertarlos, persuadirlos y reprocharles a cada uno en particular (*Ap.* 30e).

Pero cabe la pregunta: ¿cómo Sócrates podía pretender conseguir su propósito de influir sobre la forma en que sus interlocutores conducían sus vidas si las cuestiones acerca de las cuales dialogaba, si bien eran de naturaleza moral, eran de un carácter general y abstracto? Sin embargo, Sócrates conducía el diálogo de tal modo que, como algunos de sus interlocutores observaron, llegaba a involucrar no sólo las opiniones de los participantes sino también sus vidas. Nicias, por ejemplo, le dice a Laques en el diálogo del mismo nombre:

Me parece a mí que tú no sabes que cualquiera que trata a Sócrates y conversa con él, aunque hayan podido comenzar con un tópico muy diferente, es inevitable que el argumento lleve hasta hacer que uno dé cuenta de sí mismo y de su modo de vida, pasado y presente. Y no bien él lo lleva a uno hasta ese punto, nunca lo dejará ir hasta que haya examinado completamente todos sus modos de vida. (*La.* 187d6-188a3)

Calicles, por su parte, advierte que, si Sócrates hablaba en serio y no como mero pasatiempo, la consecuencia sería "un trastorno del orden y una serie de acciones contrarias a nuestros deberes" (*Grg.* 481c5-7).

La doctrina socrática de la imposibilidad de la *akrasía* permite explicar por qué Sócrates relaciona el plano de la discusión moral general con el de las conductas morales concretas. Como ya mencionamos, según su posición quien tiene el conocimiento del bien y su diferencia con el mal no puede sino actuar bien. Dicho de otro modo, el conocimiento de la naturaleza de la virtud es condición suficiente del obrar virtuoso. En el *Protágoras* encontramos claramente expuesta esta doctrina:

¿No crees... que éste [el hombre], poseyendo el conocimiento del bien y del mal, no puede ser ni arrastrado ni dominado por fuerza alguna y que todos los poderes de la tierra no pueden obligarlo a hacer otra cosa que lo que la ciencia le ordene, porque ella sola basta para salvarlo? (*Prt.* 352c)

Esta doctrina es por cierto difícil de compartir puesto que, al menos según una opinión generalizada, la experiencia enseña que el comportamiento humano es demasiado proclive a guiarse por deseos y emociones, aunque conduzcan en una dirección opuesta a lo que la propia razón aconseja. Sócrates ciertamente

Filosofía y Crisis Civilizatoria

no ignora esta opinión ya que, afirma, la mayoría "está convencida de que cuando la ciencia se encuentra en un hombre, no es ella la que lo guía y lo conduce, sino una cosa muy distinta, tan pronto la cólera, como el placer, algunas veces la tristeza, otras el amor, y sobre todo el temor" (*Prt.* 352b). Pero entonces, ¿por qué Sócrates difiere de esa opinión mayoritaria? La respuesta más común es que Sócrates fue un intelectualista o racionalista ciego a la influencia de factores no racionales. Esta acusación a Sócrates fue hecha ya en la antigüedad, especialmente por Aristóteles (*Ética a Nicómaco*, 1.7.1216b3-26) y el consenso en torno de ella se mantuvo a lo largo de los siglos. Pero en relación con Sócrates las cosas casi nunca son como parecen. En primer lugar, como mencionábamos antes, el proceso de búsqueda de conocimiento moral a través del diálogo socrático es un proceso que, más allá de la argumentación dialéctica por medio de la cual se materializa, involucra no sólo la capacidad lógica sino también a la persona entera de los participantes en éste, de modo que sus capacidades emocionales y volitivas no están ausentes del proceso. En este sentido, el diálogo socrático puede verse como una forma de *Therapeia* filosófica. Recordemos, además, que el papel que Sócrates se asigna a sí mismo no es ni el de creador ni el de trasmisor del conocimiento sino, en términos modernos, el de facilitador para que su interlocutor, poniendo en juego sus mejores potencialidades, lo dé a luz por sí mismo, según la famosa comparación con su madre partera, y las parteras en general, que desarrolla en *Teeteto.* 151a-c. Hemos visto también que el aprendizaje de la virtud es para Sócrates análogo al aprendizaje de una *téchne* y que éste no puede ser por ende puramente teórico. Todo esto nos indica ya que el llamado intelectualismo o racionalismo socrático no es lo que a primera vista aparenta ser. Pero habría que dar un paso más y traer a colación la concepción socrática de la mente (o el alma) y la razón. Tomemos como punto de partida la crítica implícita a la doctrina socrática de la imposibilidad de la *akrasía* que formula Platón en el libro IV de la *República* al introducir la división del alma en tres partes: una parte racional, una parte irascible y una parte apetitiva. Esta división permite explicar el obrar contrario a la moral no como un resultado de la ignorancia sino por la intervención determinante de una parte no racional del alma. Desde una concepción homogénea del alma como la socrática no se podría dar obviamente una explicación de la conducta "akrática" de este tipo. Esto es así no porque la concepción socrática del alma sea demasiado simple. Lo es porque, si bien las partes platónicas del alma, al ser en la visión socrática del alma aspectos o facetas pero no partes autónomas de ella, no podrían ejercer independientemente su acción. Ni la faceta racional ni las facetas irracionales podrían actuar por su cuenta ya que sólo son eso, facetas distintas de un alma que opera siempre como una unidad. Como bien lo sintetiza Heda Segvic, la unidad socrática del alma "conecta inextricablemente el lado práctico de nuestra naturaleza –el desiderativo, el emocional y el volitivo– con el supuestamente no práctico, el que forma juicios y posee conocimiento" (Segvic, 2022: 176). En síntesis, para Sócrates, si alguien posee el conocimiento del bien es que ha llegado a él a través de un proceso que involucró mucho más que sus capacidades intelectuales. Podríamos llamar *sabiduría* a ese tipo de conocimiento. Por lo tanto ¿no se sigue que para alguien que responda a la caracterización socrática del alma es natural obrar de acuerdo con lo que su razón le dicta?

A esta altura uno podría preguntarse: ¿cuál es en definitiva el *contenido* de la ética socrática? En nuestra opinión, Sócrates no defiende ninguna doctrina ética positiva sino sólo un *método* de reforma moral . Es cierto que en la parte protréptica de la *Apología* Sócrates exhorta a los atenienses a adoptar un modo de vida diferente basado en dicha reforma moral. Pero este modo no implica una ética que suponga el abandono de los valores vigentes y su reemplazo por nuevos valores (como en el caso de los creadores y profetas de las grandes religiones), sino que supone una *inversión* de la jerarquía de valores existente, un cambio en las prioridades valorativas. Esta inversión es claramente formulada por Sócrates: "no es de la fortuna que nace la virtud, sino de la virtud que [nace] la fortuna y todos los demás bienes para los hombres, en forma privada o pública" (*Ap.* 30b 4-7).

El método socrático implica, como ya hemos mencionado, que cada uno emprenda cotidianamente la investigación de sus creencias y conductas morales a través de la práctica del *élenchos*. Esta es una tarea que debe realizar cada uno a través del diálogo apelando a sus propias fuerzas porque, según Sócrates, no existen como hemos mencionado maestros de virtud (aún si los hubiera, no se los podría reconocer) que pudieran darnos una receta para ello. Así lo sostiene en la primera parte del *Protágoras*, donde advierte a su interlocutor Hipócrates acerca del error que cometería al confiar, como se proponía hacer, a un supuesto sabio, un sofista, el "cuidado de su alma" (*Prt.* 312c). Algo similar sostiene en la primera parte del *Menón* (la parte socrática de este diálogo). Por supuesto, él mismo no es una excepción ya que tampoco él podría enseñar a ser virtuoso porque, como vimos, afirma no tener un conocimiento (experto) de ella y, aunque lo tuviera, no podría enseñarlo porque la virtud no es para él enseñable.

La formidable influencia histórica de la moral socrática no se funda pues en una doctrina moral positiva. Tiene sin embargo, un fundamento si se quiere más sólido: el ejemplo de su vida y, especialmente, el de su muerte.

¿En qué consiste el mérito principal de la moral socrática? Hanna Arendt ha dado en *Vida de la Razón* (Arendt, 1978), una respuesta a nuestro parecer iluminadora a esta pregunta. De acuerdo con ella, si bien el método socrático no asegura vivir una vida virtuosa , al menos acrecienta la *resistencia al mal*. ¿De qué modo lo hace? Arendt se apoya en la siguiente cita del *Gorgias* para explicarlo:

> Pienso que es mejor tener mi lira o un coro que yo pueda conducir desafinado y disonante, y que la gran mayoría de los hombres esté en desacuerdo conmigo y me contradiga, que no estar en armonía conmigo mismo, o contradecirme a mí mismo, aunque yo sea una sola persona. (*Grg*. 482 b-c)

Es claro que en este pasaje Sócrates exalta la armonía con uno mismo como un objetivo superior al acuerdo con los demás. Dicha armonía presupone un diálogo interior, una suerte de desdoblamiento interno, como aparece aún más vívidamente en otro pasaje que Arendt también cita, en este caso del *Hippias Mayor* (= *Hi.Ma.*). En ese pasaje (*Hi.Ma.* 304c-e) Sócrates imagina que, al regresar a su casa luego de ser convencido por Hippias de la excelencia de ofrecer bonitos discursos, encuentra un hombre que lo insulta y lo refuta. Ese hombre es, dice Sócrates, "un pariente cercano mío, que vive en la misma casa". El temor que le inspira podría justificar, por ejemplo, su afirmación de que "es preferible sufrir una injusticia que cometerla" ya que esto último, a diferencia de lo primero, lo expone a tener que soportar el reproche permanente de su pariente y la consiguiente vergüenza. Con esto Sócrates anticipa claramente lo que luego se llamaría "conciencia moral". Es este pensar en diálogo consigo mismo sugerido por Sócrates lo que verdaderamente se opone, según Arendt, a la maldad de un Eichmann, proveniente en último término de su incapacidad para pensar.

Independientemente de que aceptemos o no la teoría del mal de Arendt en su conjunto (con su polémica tesis de la banalidad del mal incluida), no hay duda de que ha abierto una perspectiva fecunda para calibrar el impacto de la ética socrática. Observemos, de paso, que, en pasajes como los citados por Arendt, Sócrates abre la posibilidad de extender el dominio de la racionalidad dialógica al interior de la propia conciencia.

Recapitulación y conclusiones

Recapitulemos brevemente el camino recorrido hasta aquí en nuestro examen de la atopía socrática. Hemos transitado para ello por las diversas dimensiones de la filosofía socrática, desde la retórica y la epistemológica hasta la religiosa, la política y la ética, y considerado cuestiones clásicas asociadas con cada una de ellas. Entre estas cuestiones, que han sido y continúan siendo motivo de interpretaciones enfrentadas, se encuentran la conexión que Sócrates establece entre su profesión de ignorancia y la sabiduría, su racionalidad sin concesiones y, a la vez, su acendrada religiosidad, su crítica radical de la democracia y el carácter profundamente democrático de su práctica dialógica, su afirmación de la imposibilidad de la *akrasía* y su asociada concepción homogénea de la mente humana aparentemente insensible al peso de factores no racionales, y la primacía que por otro lado otorga a la práctica concebida como una compleja combinación de aspectos racionales, volitivos y emocionales, etc.

En relación con todas estas y otras cuestiones hemos intentado mostrar el carácter insatisfactorio de la tendencia a encasillar a Sócrates en alguna de las categorías creadas por la tradición filosófica. En oposición a esa tendencia, hemos defendido una interpretación de la filosofía socrática como atópica, imposible de encorsetar en algún *tópos* disponible. Pero a la vez hemos sostenido que esto no implica adherir a la interpretación del discurso socrático como globalmente irónico de modo de convertir a su pensamiento en deliberada e irremediablemente elusivo. Por el contrario, creemos que un camino promisorio para aproximarse a la filosofía socrática es, según lo hemos intentado mostrar en diversas áreas de su pensamiento, entenderla como una práctica dialógica que, a partir de los recursos simbólicos disponibles en la cultura de su lugar y tiempo, constituye un esfuerzo por construir un nuevo *tópos* para la filosofía, la política y la vida humana en general.

Para concluir, observemos que, si bien las diversas dimensiones de la filosofía socrática han sido tratadas, en beneficio del orden expositivo, en forma separada, existe de hecho una unidad profunda entre todas ellas. Esta unidad se asienta en la práctica de alguien que, como Sócrates, no sólo piensa sino que *vive* filosóficamente. En este sentido, y parafraseando a Gregory Vlastos (1991) quien, luego de mencionar diversos aspectos paradójicos de Sócrates, concluye que "la paradoja de Sócrates es Sócrates", bien podría afirmarse que "la *atopía* de Sócrates es Sócrates" En otras palabras, el carácter *atópico* de su filosofía no podría entenderse sin considerar el carácter *atópico* de su persona y de su modo de estar en el mundo. La voluntad irrenunciable de vivir filosóficamente es pues el corazón del legado socrático. Pero, a diferencia de otras tradiciones filosóficas o religiosas que coinciden en privilegiar el compromiso existencial del pensador, el filósofo socrático no es hostil al espíritu analítico y crítico sino todo lo contrario. El arte de vivir socrático pasa efectivamente por un tensar hasta el extremo la cuerda del pensamiento analítico y dialéctico (en el sentido antiguo de este sentido de este término). Al mismo tiempo, Sócrates advierte contra la arrogancia (*hybris*) del pensador que cree que ciertas respuestas que propone a preguntas morales y filosóficas en general son verdades indiscutibles. Para el filósofo socrático, la sabiduría humana consiste justamente en reconocer la inmensidad de nuestra ignorancia.

A diferencia de la filosofía antigua, en que el legado socrático se mantuvo vivo (prácticamente todas las escuelas de la filosofía antigua se consideraban a sí mismas socráticas), este legado se fue de hecho extinguiendo, siendo sustituido por una suerte de culto de un falso Sócrates santificado e inofensivo. El retorno de una auténtica filosofía socrática, una filosofía *atópica* culturalmente situada y a la vez radicalmente crítica del horizonte de problemas, expectativas y poderes establecidos, parece más necesario que nunca en estos tiempos de profunda crisis y derrumbe de los grandes marcos de sentido heredados.

CAPÍTULO 7

El *Proceso* de Kafka en clave ontológica

La atopía kafkiana o la expulsión del mundo

¿Existe algo que pueda denominarse una "filosofía kafkiana"? Si, como me inclino a creer, la respuesta es afirmativa, una segunda pregunta que surge naturalmente es dónde en los escritos de Kafka podemos encontrarla. En respuesta podría mencionarse un texto como los *Aforismos de Zürau*, por ejemplo el aforismo 50:

> El hombre no puede vivir sin una confianza en algo indestructible en sí, si bien pueden quedarle permanentemente ocultos tanto lo indestructible como la confianza.

Pero es en las narraciones mismas donde a mi juicio aparece en toda su riqueza la filosofía kafkiana, aunque en estado implícito y dispersa en fragmentos más o menos significativos desde este punto de vista. Entre las infinitas posibilidades de armado de esos fragmentos, intentaré en lo que sigue ofrecer una.

En primer lugar, distingo una visión kafkiana de la condición humana, una antropología filosófica. Y, como no hay ser humano sin mundo, esa antropología remite a una ontología. Detengámonos en ella.

La ontología implícita en los relatos kafkianos está poblada por extrañas entidades: seres humanos o, mejor dicho, esquemas de seres humanos (como lo sugiere la falta de referencias biográficas, espacio-temporales y aún de un nombre completo de sus personajes centrales), animales inclasificables dentro de cualquier taxonomía zoológica, tribunales invisibles, altos funcionarios que habitan en un castillo inaccesible o emperadores de los que no se sabe si están vivos o muertos pero cuyas órdenes son de cumplimiento inexorable, etc. Este mundo está dividido, según se desprende de novelas como *El Proceso* o *El Castillo*, en dos regiones: una regida por leyes y normas que vuelven la vida de sus habitantes previsible, y otra en que toda ley conocida ha perdido vigencia y, por tanto, ha hecho que el mundo deje de ser "un hogar para el hombre". Pero ¿qué queda de un hombre privado de su mundo? Tal vez, como en el caso del durmiente de Proust que acaba de despertar y no sabe durante un segundo dónde está ni quien es, sólo la vida "que reina en lo hondo de un animal"

En esa región oculta que aparece en las novelas de Kafka moran los dioses kafkianos y, debajo de ellos, los subordinados que cumplen sus órdenes, sin posibilidad ni necesidad alguna de entender sus motivos. A su alrededor se mueve la gran masa de la población, entre los cuales se distinguen los excluidos, los privados de su lugar en el mundo, *atópicos* a pesar suyo como Josef K o el agrimensor.

El mundo kafkiano no es para nada estable. La amenaza constante de una catástrofe inminente es constitutiva de la forma de vida de sus habitantes. Y, como intuye su visionario narrador, ese mundo se mueve hacia un estado en que las peores pesadillas se convertirán en realidad. Todo vestigio de la primera región, la región de la "normalidad", desaparecerá y todo el espacio quedará ocupado por la segunda región, la de lo inabarcable para la razón humana. Desembocamos así, como podríamos haberlo hecho por otro camino, desde una antropología y ontología, en el mundo kafkiano.

La familia de conceptos, con la ayuda de los cuales, intentaré un acercamiento a este conglomerado antropología-ontología-mundo kafkiano está formada por los conceptos de discriminación, degradación y culpa ontológica. Empecemos por el primero.

En general, a partir de cualquiera de las formas de discriminación conocidas, la religiosa, la política, etc., se puede pasar a la discriminación ontológica pero este pasaje no constituye simplemente un aumento en el grado de la discriminación sino un salto cualitativo. Hace falta un salto porque hay una brecha conceptual entre el rechazo de una cierta opinión, creencia o conducta del otro, ya sea en materia religiosa, política, moral, etc., y el rechazo global del otro, un rechazo de su ser, es decir, un rechazo ontológico. En términos aristotélicos, la discriminación ontológica supone pasar del nivel de los atributos, o los predicados, al nivel de la sustancia. Pero este pasaje no es como en Aristóteles un pasaje lógico que deja inalterado al ser. Por el contrario, a diferencia de las otras formas de discriminación, cuando opera la discriminación ontológica su resultado es la degradación del ser que es su objeto.

Un caso claro de discriminación ontológica es la caza de brujas en la Europa medieval, recrudecida en el siglo XVII. Su principio rector era que esas mujeres no tenían una maldad redimible y, por lo tanto, susceptible de ser extirpada de algún modo dejándolas vivir. El demonio se había apoderado de ellas.

Un ejemplo antiguo de este estado *en-demoniado* de un sujeto puede hallarse en un episodio de la *Ilíada*. El rey Agamenón había tomado por la fuerza a Briseida, una doncella que pertenecía a Aquiles, el máximo héroe griego. A consecuencia de ello éste se negó a seguir combatiendo, lo cual había tenido catastróficas consecuencias para el ejército griego. A la vista de ello, Agamenón, ante la asamblea de guerreros reunida, le devolvió la doncella a Aquiles y argumentó que se había apoderado de Briseida impulsado por una diosa que se había posesionado temporariamente de su mente. Su acción no habría sido, pues, producto de su libre voluntad sino, diríamos en un lenguaje moderno, de un estado de alienación pasajero (*ate*). La diferencia entre Agamenón y las brujas era, pues, el carácter temporario del estado endemoniado de aquél frente al permanente de éstas. En el siglo XVII se creía que una bruja, o un hereje, tenían su ser degradado, no sólo su mente sino también su cuerpo, por la presencia de fuerzas demoníacas en él. De ahí que la tortura, la laceración de la carne, y en el extremo el fuego, fueran considerados remedios adecuados para extirpar el mal. Dentro de esta lógica de la discriminación y la degradación ontológica ésta no era una operación absurda sino perfectamente racional.

Observemos que estar instalado dentro de esa lógica no implica que las formas no ontológicas de intolerancia hayan desaparecido. Siguen presentes, pero ha cambiado su función, en lugar de funcionar como *causas* de la persecución en contra de ciertas personas se convierten en *signos* de degradación ontológica. Así, dentro de la lógica de la intolerancia religiosa pero no ontológica que caracterizó la persecución cristiana de los judíos españoles, ésta debía teóricamente cesar cuando éstos renunciaban a su fe y se convertían al cristianismo. Es verdad que en la práctica difícilmente desaparecía del todo la sospecha de la inautenticidad de la conversión y el mantenimiento en secreto de las antiguas creencias y ritos, lo cual exigía una vigilancia constante y un castigo ejemplar cuando tales presuntas violaciones eran denunciadas. La persecución nazi de los judíos constituye, en cambio, un caso paradigmático de operación de una lógica de intolerancia ontológica. Suponer dentro de esta lógica que una conversión religiosa puede ser una razón para terminar con la persecución, y trocar la intolerancia en tolerancia, es un absurdo. Es como suponer que un individuo puede mediante un acto voluntario cambiar su código genético. Cuando las creencias o prácticas son tomadas como indicadores ontológicos, el hecho de cambiarlas no implica que aquello que indicaban haya cambiado su naturaleza. En todo caso, sólo puede significar que es oportuno acudir a otros indicadores, reales o imaginarios, como, en este ejemplo, características supuestamente raciales.

La literatura de Kafka ilumina como ninguna otra los vericuetos de la discriminación, degradación y culpa ontológica. En algunos de sus relatos esta degradación es directamente física, como en el caso arquetípico de Gregor Samsa, el protagonista de *La Metamorfosis*:

Cuando Gregor Samsa se despertó una mañana después de un sueño intranquilo, se encontró sobre su cama convertido en un monstruoso insecto.

La clave de la transformación de Gregor es que no había dejado de tener una conciencia humana: "'¿Qué me ha ocurrido?', pensó". Y una segunda clave es que no se trataba de un sueño, una pesadilla: " No era un sueño. Su habitación, una auténtica habitación humana, si bien algo pequeña, permanecía tranquila entre las cuatro paredes harto conocidas".

Pero las transformaciones físicas no implican necesariamente una degradación ontológica. A veces implican lo contrario, en los cuentos infantiles una muchacha puede transformarse en bruja pero también en hada. O un sapo transformarse en príncipe. En *Informe para una academia*, un mono capturado en África logra, para salvarse del trato brutal al que es sometido, aprender todo lo necesario para ser considerado un hombre. Si esto es un *upgrading* o un *downgrading* ontológico, no queda, sin embargo, del todo claro.

En el último de los viajes de Gulliver, que relata su llegada al país de los houyhnhnms, Jonathan Swift –un predecesor de Kafka en el uso literario de la ontología– los describe como seres super razonables:

> ...hablan claramente, actúan de un modo justo, tienen leyes simples que todos respetan. No disputan ni argumentan puesto que todos conocen lo que es verdadero y correcto. Su sentido de la justicia es tal que "nunca preferirían el bienestar de uno de sus hijos por sobre el bienestar de otro simplemente sobre la base del parentesco.

El único problema es que, según Swift, no son seres humanos sino caballos. Swift satiriza con esto al Hombre ideal de los estoicos, los ilustrados y los deístas de su tiempo. En contraste con ellos están los yahoos, también animales, indistinguibles del Hombre depravado de los teólogos y los sermones religiosos. un verdadero *saccus stercorum*.

Una consecuencia de la degradación ontológica es que el sujeto puede experimentar un sentimiento de culpa ontológica, una culpa no asociada con ningún delito o infracción concreta que haya cometido.

En el universo kafkiano la entidad degradadora no es necesariamente un otro concreto, como lo es el padre del cuento *La Condena* o el propio padre de Kafka según la *Carta al Padre*. Es muchas veces una entidad del tipo del tribunal de *El Proceso* o de los funcionarios que habitaban *El Castillo*. O el comando que dirige la construcción de la gran muralla china, que elige y asigna su lugar a cada uno de los trabajadores pero cuya ubicación, organización interna y lógica operativa son desconocidas. Estas entidades cuasi abstractas, además de ser de una naturaleza enigmática, tienen un poder que no sólo es absoluto sino también independiente de razones que hagan inteligibles sus actos. No existen tampoco signos que permitan al menos vislumbrar, como en la teología calvinista, sus designios. A su vez, los sujetos que se encuentran sometidos a este poder sin rostro ni siquiera tienen el ancla de una mirada humana, aunque sea una mirada degradadora.

El Proceso en clave ontológica

Lo que nos presenta *El Proceso* es un caso *químicamente puro* de discriminación ¿Por qué digo "químicamente puro"? Porque la persecución de que es víctima Josef K. no se apoya en ninguno de los atributos que han sido tomados tradicionalmente como excusas para ella, como la adhesión a ciertas creencias religiosas o políticas, la pertenencia a una minoría étnica o lingüística, etc. Es decir, ni siquiera se ofrece una apariencia de justificación a través del pasaje de una forma convencional de discriminación a la discriminación ontológica. Josef K. es un funcionario de banco exitoso del cual no se sabe que tenga ninguno de estos atributos potencialmente utilizables como elemento de descalificación (en realidad, es bien poco lo que sabemos de él, no es, como casi ningún personaje de Kafka, un sujeto en un sentido realista del término). Y, sin embargo, es claramente objeto de discriminación ontológica. Ésta ya aparece en el episodio inicial, el episodio del arresto. Cuando una mañana Josef K. es informado por uno de los dos hombres que se han presentado repentinamente en la pensión en que vivía que se encontraba detenido, y pregunta por qué, recibe la siguiente respuesta: "No estamos aquí para decírselo. El proceso ya está en curso; Ud. se enterará de todo en su oportunidad". Como no se da por satisfecho con esta respuesta e insiste en saber de qué se lo acusa, cuál es el tribunal que ordenó el procedimiento, etc., finalmente recibe de boca de un tercer funcionario que llega al lugar, un inspector, la siguiente respuesta: "No puedo decir que esté Ud. acusado, no sé si lo está. Está Ud. detenido, esto es lo cierto, y no sé nada más". O sea, Josef K. ha sido detenido y está siendo sometido a proceso pero no se considera necesario invocar para ello, ni en ese momento ni más adelante, ningún delito que haya cometido. Incluso, el inspector le hace notar que su pregunta por el delito cometido está fuera de lugar. Y le aconseja, textualmente, hacer menos alharaca con su inocencia ya que, según agrega, "eso estropea la impresión, más bien buena, que Ud. produce en otros aspectos". Está claro, sin embargo, que si Josef K. ha sido detenido y está procesado es porque se lo considera culpable. Más aún, es seguro que es culpable. En este sentido, el inspector le aclara que los funcionarios del tribunal no están a la búsqueda de culpables sino que "la ley es atraída por la culpa y nos mandan a nosotros, los guardianes, para arrestar a los culpables". O sea, la culpa es una característica intrínseca de Josef K. que ejerce, igual que otros culpable como él, una suerte de atracción magnética sobre el tribunal.

Filosofía y Crisis Civilizatoria

¿Culpable de qué? Esta pregunta no sólo no es respondida; ni siquiera es formulada. Hacerlo sería cometer un error categorial ya que lo que se espera como respuesta a una pregunta como esa es justamente lo que en esta situación está excluido por definición: la mención de algún delito o crimen cometido.

Ahora bien, como lo muestran sus preguntas y toda su conducta, Josef K. no reconoce su condición de culpable. En realidad, sólo considera una vez esa posibilidad pero concluye que no hay nada en su vida anterior por lo cual pudiera ser culpado (o sea no entiende el tipo de culpa que se le atribuye). Toda su energía se concentra en buscar una manera de zafar de tan absurda situación y retomar su vida normal. La narración que sigue al mencionado episodio de la "detención" constituye básicamente una descripción de los numerosos y cada vez más desesperados y frustrantes intentos de Josef K. de volver a la "normalidad" y los nulos resultados que logra. Sólo al final reconoce la esterilidad de sus esfuerzos y parece vislumbrar la naturaleza de su culpa. Es el momento en que deja de luchar y se entrega a sus verdugos, quienes, cumpliendo correctamente con su función burocrática, le ejecutan como corresponde a su condición ontológica degradada, es decir, lo "acuchillan como a un perro". Se consuma así al final de *El Proceso* el pasaje de K. de la humanidad a la animalidad . Algunos autores han sostenido en este punto una semejanza con el *Edipo* de Sófocles. Al principio, tampoco Edipo es consciente de su culpa y sólo el desarrollo de los acontecimientos, que en su caso forman parte del curso de una investigación que él mismo impulsa, hace que descubra finalmente su verdadera identidad y, por tanto, su culpa. Pero no hay por cierto en Edipo, ni lo hay en la tragedia clásica en general, nada semejante a la degradación ontológica kafkiana. Por el contrario, hay una expiación de la culpa y, en *Edipo en Colono*, una exaltación del Edipo anciano como sabio.

Para concluir, una reflexión acerca del carácter profético que suele atribuirse a los relatos de Kafka, en particular *El Proceso*, en relación con el holocausto. De acuerdo con lo precedente, la notable clarividencia de Kafka habría consistido esencialmente en imaginar una historia que lleva embebidos en su interior una familia de conceptos –discriminación, degradación y culpa ontológica– que estaban emergiendo oscuramente en su tiempo y que sólo años más tarde habría de constituirse en el núcleo de la concepción totalitaria del mundo. En el totalitarismo del siglo XX la discriminación, la culpa y la consiguiente degradación ontológica no son accidentales sino una condición constitutiva, una condición de posibilidad. En este sentido, puede afirmarse que si no hubiera habido judíos en la Alemania nazi, hubieran tenido que inventarlos. Josef K. puede ser considerado como un antecesor imaginario de los millones de individuos concretos que han sido durante el último siglo estigmatizados y exterminados como portadores de una supuesta degradación y culpa ontológica. Pero sería un error reducir el campo de extrapolación de la odisea de Josef K. a los regímenes totalitarios. Su alcance es mucho más general ya que aparece crecientemente en los más diversos contextos sociales y políticos, incluidos los regímenes democráticos. Así, pues, la lucha en favor del derecho de todo ser humano a "ser y permanecer en su ser", en otros términos, a ser ontológicamente respetado y, en consecuencia, a no ser discriminado ni perseguido en virtud de ninguna característica "esencial" que se le atribuya, es a mi entender un imperativo categórico de nuestro tiempo.

CAPÍTULO 8

Las culturas del dominio versus las culturas del cuidado

Introduciré ahora una distinción entre dos tipos ideales opuestos de culturas: las culturas del dominio versus las culturas del cuidado. Esta distinción permite ubicar las culturas históricas concretas en un continuo que va del polo representado por el primer tipo hasta el polo del segundo tipo. Las culturas del dominio se caracterizan por una distribución del poder tal que éste se concentra en unos pocos, como en las sociedades feudales, o en uno solo como en las monarquías absolutas. A las mayorías no les queda más que obedecer los dictados del poder o arriesgarse a recibir el castigo impuesto por su desobediencia. Este esquema se repite desde la cúspide del poder hasta cada uno de los ámbitos de una cultura del dominio. Así, en las culturas patriarcales, el *pater familias* es quien detenta el poder en los espacios privados.

En contraste con las culturas del dominio, las culturas del cuidado se caracterizan por una distribución horizontal, democrática del poder. Priorizan diferentes formas de cuidado íntimamente vinculadas entre sí: el cuidado de la naturaleza, de otras especies, de nuestros semejantes y, como enseñara Sócrates, de uno mismo (*epimeleia heautou*). La pregunta acerca de cómo combatir la barbarie es equivalente a la de cómo pasar de una cultura del dominio a una cultura del cuidado.

Una diferencia crucial entre las culturas del dominio y las culturas del cuidado reside en el reconocimiento de límites. En tanto que en las culturas del cuidado se trazan y respetan límites al ejercicio del poder, en las culturas del dominio se ignoran o se niegan cualquier límite al ejercicio del poder.

Ahora bien, yendo ya a la historia de las culturas, una novedad que trajo consigo la modernidad fue que algunas culturas que tenían su epicentro en Europa extendieron su campo de acción al dominio, o la aspiración al dominio, de la naturaleza. Las formas anteriores de dominio no desaparecieron por ello. Incluso, formas de dominio que se habían extinguido o reducido reaparecieron con fuerza en el siglo XVII como, por ejemplo, la esclavitud o la caza de brujas.

Francis Bacon fue sin duda uno de los heraldos tempranos más influyentes de la aspiración prometeica a dominar sin límites a la naturaleza. Sus aforismos "Saber es poder" y "A la naturaleza se la domina obedeciéndola" resumen su credo: el conocimiento no como un fin en sí mismo sino puesto al servicio de una cultura del dominio de la naturaleza.

¿Cuáles fueron las causas de esta profunda transformación? No me es posible entrar aquí en esta debatida cuestión. Sólo recordaré la clásica oposición entre los enfoques de Karl Marx y Max Weber. El primero sitúa el origen de la transformación capitalista en la economía, más precisamente en el modo de producción y sus correspondientes relaciones de producción. Esta transformación se inició según Marx en algunos países de Europa sobre la base de una acumulación originaria previa de capital en relativamente pocas manos, los dueños de los medios de producción. Tomó primero, a partir del siglo XVI, la forma de capitalismo mercantil y después, hacia fines del siglo XVIII y principios del XIX, la forma de capitalismo industrial. En contraste, Max Weber atribuye el origen del capitalismo a los cambios culturales, más precisamente a los inspirados en la ética protestante de Lutero y Calvino.

Los dos enfoques opuestos iluminaron a mi juicio aspectos diferentes, aunque complementarios, del origen de la transformación capitalista. El devenir histórico y la sofisticación que alcanzó cada una de estas tradiciones de pensamiento se encargó de confirmar su valor explicativo pero también su insuficiencia para dar cuenta de la complejidad de este proceso histórico. Desde la perspectiva que adoptamos aquí, el capitalismo fue una transformación *dentro* de las culturas del dominio que pasaron a fundarse crecientemente en el dominio de la naturaleza. Todas las demás formas de dominio se acomodaron a ese nuevo fundamento.

En oposición a las culturas del dominio en sus diferentes formas históricas –en nuestra época el capitalismo neoliberal, el capitalismo de Estado autoritario, etcétera– siempre han existido las culturas del cuidado, aunque amenazadas y muchas veces destruidas por las primeras. Estas culturas, como ya se ha mencionado, se caracterizan por diferentes formas de cuidado relacionadas íntimamente entre sí: el cuidado y la protección de la naturaleza, de otras especies, de nuestros semejantes y de uno mismo en el sentido socrático del término.

¿Cuál de estas dos culturas prevalecerá? No lo sabemos con certeza pero lo más probable es que sean las primeras. ¿Qué más se necesita para dirigir nuestros esfuerzos a tratar de evitarlo?

Referencias bibliográficas

ANNAS, J. (1999) *Platonic Ethics, Old and New, Ithaca and London.* Cornell University Press.

ARENDT, H. (1978) *The Life of the Mind.* New York, Harvest Book.

BARDI, U. (2017) *El Efecto Séneca. Por qué el crecimiento es lento pero el colapso es rápido.* New York, Springer.

BAUDRILLARD, J. (1970) *La sociedad de consumo.* Madrid, Siglo XXI.

BAUMAN, Z. (1997) *In Search of Politics.* Cambridge, Polity Press.

BENSON, H. H. (1987) "The Problem of the Elenchus Reconsidered", *Ancient Philosophy*, vol. 7, 67-85. Reimpreso en Prior, W. (ed.) (1996), 97-118.

BERNAYS. E. (2008) *Propaganda.* Barcelona, Ed. Melusina.

BRICKHOUSE, T. C. & SMITH, N. D. (1989) *Socrates on Trial.* Princeton-New Jersey, Princeton University Press.

BRICKHOUSE, T. C. & SMITH, N. D. (1994) *Plato's Socrates.* New York/ Oxford, Oxford University Press.

BURNET, J. (1924) *Plato: Euthyphro, Apology of Socrates, Crito. Introduction and Running Commentary.* Oxford, Clarendon Press.

COULTIER, J. A. (1964) "The Relation of the Apology of Socrates to Gorgia's Defense of Palamedes", *Journal of the History of Philosophy*: 269-303.

DALY, H. y otros (2007) *Ecological Economics and Sustainable Development.* Cheltenham, Edward Elgar. Publishing.

DE CAROLIS, M. (2020) "Crisis del neoliberalismo y crisis de la civilización", en O. Nudler (comp.) *Crisis de mundo: perspectivas filosóficas.* Buenos Aires, Prometeo.

DORION, L. A. (2006) "Xenophon and the Socratic Question", en Sara Ahbel-Rappe & Rachana Kamtekar, *A Companion to Socrates.* Oxford, Blackwell.

DURAND, C. (2021) *Tecnofeudalismo: crítica de la economía digital.* Donostia, La Cebra.

EUBEN, J. P. (1997) *Corrupting Youth: Political Education, Democratic Culture, and Political Theory.* Princeton NJ, Princeton University Press.

GUTRHIE, W. K. C. (1975) *History of Greek Philosophy.* Vol. 4. Cambridge, Cambridge University Press.

HEGEL, G. W. F. (1837 [1974]) *Lecciones sobre la filosofía de la historia universal,* trad. José Gaos. Madrid, Revista de Occidente.

IRWIN, T. (1977) *Plato's Moral Theory: The Early and Middle Dialogues.* New York, Oxford University Press.

IRWIN, T. (1989) *Classical Thought.* New York, Oxford University Press.

IRWIN, T. (1995) *Plato's Ethics.* New York, Oxford University Press.

KAHN, Ch. (1992) "Vlastos Socrates", *Review of Vlastos. Phronesis,* Vol. 37, Nº 2, pp. 233-258.

KAHN, Ch. (1996) *Plato and the Socratic* Dialogue. Cambridge, Cambridge University Press.

KALLET, L. (1999) "The Diseased Body Politic, Athenian Public Finance, and the Massacre at Mykalessos (Thucydides 7.27-29)", *American Journal of Philology,* Vol. 120, Nº 2.

KERFERD, G. B. (1981) *The Sophistic Movement.* Cambridge, Cambridge University Press.

KIERKEGAARD, S. (1841 [1968]) *The Concept of Irony with constant reference to Socrates,* trad. Lee M. Capel. Bloomington, Indiana, Indiana University Press.

KRAUT. R. (ed) (1993) *The Cambridge Companion to Plato.* Cambridge University Press.

LEFORT, C. (1983) *L'Invention démocratique.* Paris, Fayard.

LOCKE, J. (1690 [1994]) *Ensayo sobre el Entendimiento Humano,* trad. E. O'Gorman. México, Fondo de Cultura Económica.

NAILS, D. (2006) "The Trial and Death of Socrates", en S. Ahbel-Rappe & R. Kamtekar, *A Companion to Socrates.* Oxford, Blackwell.

NEHAMAS, A. (1999) *Virtues of Authenticity. Essays on Plato and Socrates.* Princeton, Princeton University Press, New Jersey.

NUDLER, O. (1995) "Sócrates: Filósofo en el Límite", *Revista Latinoamericana de Filosofía,* Vol. XXI, Nº 1.

NUDLER, O. (2003) "La filosofía como tensión", en O. Nudler y F. Naishtat (eds.), *El filosofar hoy.* Buenos Aires, Biblos.

NUDLER, O. (comp.) (2020) *Crisis de mundo: perspectivas filosóficas.* Buenos Aires, Prometeo.

NUSSBAUM, M. (1996) "On Learning Practical Wisdom", en W. J. Prior (ed.) *Socrates. Critical Assessments.* Routledge, London.

PARRY, R. (1996) *Plato's Craft of Justice.* New York, State University of New York Press.

PRIOR, W. (ed.) (1994) *Socrates. Critical assessments.* London-New York, Routledge, vol. 3.

PROUST, M. (1913 [2020]) *En busca del tiempo perdido.* Barcelona, Verbum.

PUTNAM, H. (1992) *Renewing Philosophy.* Cambridge, Harvard University Press.

REEVE, C, D. C. (1989) *Socrates in the Apology.* Indianapolis/Cambridge, Hackett.

RESCHER, N. (1995) *La lucha de los sistemas*. México, UNAM.

ROMILLY, J. (1997) *Les Grands Sophistes dans l'Athène de Périclês*. Paris, Éditions de Fallois.

ROSTOVTZEFF, M. (1960) *Roma. De los orígenes a la última crisis*. Buenos Aires, Eudeba.

ROWE, C. (2002) "Just How Socratic are Plato's 'Socratic' Dialogues? A Response to Charles Kahn", *Plato Journal* N° 2. International Plato Society.

SADIN, P. (2018) *La silicolonización del mundo: la irresistible expansion del liberalismo digital*. Buenos Aires, Ed. Caja Negra.

SEGVIC, H. (2022) *From Protagoras to Aristotle*. New Jersey, Princeton University Press.

SELLARS, W. (1971) *Ciencia, percepción y realidad*. Madrid, Tecnos.

STONE, N. (2019) *La Europa transformada*. Madrid, Siglo XXI.

TODOROV, T. (2014) *El espíritu de la Ilustración*. Madrid, Galaxia Gutenberg.

TREVOR-ROPER, H. (1967 [2009) *La crisis europea del siglo XVII. Religión, Reforma y cambio social*. Buenos Aires, Katz.

VAN DIJCK, J. (2013) *The Culture of Connectivity: A Critical History of Social Media*. Oxford, Oxford University Press.

VLASTOS, G. (1991) *Socrates, Ironist and Moral Philosopher*. New York, Cornell University Press.

WEISS, D. J.; SHANTEAU, J.; HARRIES P. (2006) "People who judge people", *Journal of Behavioral Decision Making*, 24 November.

WOODRUFF, P. (1986) The Skeptical side of Plato's Method, Revue Internationale de Philosophie 40.

ZUBOFF, Sh. (2019) *The Age of Surveillance Capitalism: The Fight for a Human Future at the New Frontier of Power*. New York. Public Affairs.